W0035002

FESTIVALS / EVENTS

Januar
Paris Fashion Week: Herren (auch im Juni),
Haute Couture (auch im Juli)
fhcm.paris
Maison et Objet (auch im September)
www.maison-objet.com/en

Februar
Paris Fashion Week: Damen (auch im Sept.)
fhcm.paris
Première Vision (auch im September)
www.premierevision.com

April
Art Paris
www.artparis.com/en

Mai
Des Ateliers d'Artistes de Belleville Open House
ateliers-artistes-belleville.fr/en
Cannes Best – Directors' Fortnight
(und den ganzen Juni)
www.quinzaine-realisateurs.com

August
Rock en Seine
www.rockenseine.com
Jazz à la Villette (bis September)
www.jazzalavillette.com

September
Paris Design Week
www.maison-objet.com/en/paris-design-week

Oktober
Pariser Kunstmesse (FIAC)
www.fiac.com
Nuit Blanche
quefaire.paris.fr/nuitblanche

November
Offprint Paris – Kunstdruckmesse
offprint.org

Die genauen Termine variieren von Jahr zu
Jahr. Auskunft geben die jeweiligen Websites.

UNGEWÖHNLICHE STADTTOUREN

Bluefox Travel
www.bluefox.travel/paris

GA Tour
www.ga-paris.fr

Paris by Martin
parisbymartin.com

Paris Muse
www.parismuse.com

Schatzsuche im Museum
www.thatmuse.com

Street Art Paris
streetartparis.fr

SMARTPHONE-APPS

**Wöchentlicher Veranstaltungskalender &
besondere Ausstellungen**
DOJO: Stadterkundung

Fahrradrouten, Verleih & Fahrradstationen
Vélib'

E-Roller an der SB-Station (ab 18 Jahren)
Cityscoot

Aktuelles rund um Frankreich & Paris
FRANCE 24

TRINKGELD

Restaurants/Cafés:
5–10% für Service & Barkeeper

Hotels:
€1/Stck. für den Gepäckträger,
€2/Tag für den Zimmerservice

Lizenzierte Taxis:
5–10% des Fahrpreises

Zähl bis 10

Was macht Paris so besonders?

Illustrationen von Guillaume Kashima alias Funny Fun

Freiheitsliebe, Lebensfreude und die Lust, mit allen Sinnen zu genießen, so wie es die Menschen in Paris vorleben – das macht die Faszination und Schönheit dieser Stadt aus. Vom Morgenkaffee bis zum Nachtkonzert – nur kein großes Tamtam, immer mit der Ruhe! Ob für einen kurzen Zwischenstopp oder eine ganze Woche, **CITIx60** verrät, was die Kreativen der Stadt als absolutes Muss betrachten – zum Erleben, zum Probieren oder als Souvenir für zu Hause!

1

Museen & Kulturzentren

Centre Pompidou (#13)
www.centrepompidou.fr

Musée National d'Histoire Naturelle
www.mnhn.fr

Institut du Monde Arabe
www.imarabe.org

Musée du quai Branly
www.quaibranly.fr

Maison Européenne de la Photographie
www.mep-fr.org

Le Comptoir Général (#58)
www.lecomptoirgeneral.com

Die selbstbewusste Eleganz, das fortschrittliche Denken und der Stolz der Bewohner auf die vielschichtige Vergangenheit ihrer Stadt sind in den Straßen von Paris stets spürbar. Die Hauptstadt, immer einen Schritt voraus, ist kulturell stilprägend und setzt Maßstäbe für neue Entwicklungen in Kunst, Architektur, Gastronomie, Musik und Mode. Es herrscht ein spannendes Nebeneinander von internationalen Einflüssen und urpariserischem Charme, was der Stadt eine hochmoderne Spitzenküche, große Märkte, bezaubernde Vintage-Boutiquen und eine boomende Nachtszene beschert.

CITIx60 Paris erkundet die französische Hauptstadt unter fünf Aspekten: Architektur, Kunst, Shopping, Gastronomie und Nachtleben. Expertentipps von 60 Akteuren der Pariser Kreativszene führen durch das authentische Paris.

Inhalt

002   **Vor Abreise**
Basics, Festivals und nützliche Apps

004   **Zähl bis 10**
Was macht Paris so besonders?

009   **60 X 60**
60 Kreative X 60 Hotspots
· Denkmäler & Architektur
· Kunst & Kultur
· Märkte & Läden
· Restaurants & Cafés
· Nachtleben

102   **Stadtteilkarten**
60 Hotspots auf einen Blick

112   **Unterkunft**
Hippe Hostels, schicke Apartments & noble Hotels

116   **Notizen**
Leere Seiten für Skizzen und Anmerkungen

Vor Abreise

BASICS

Vorwahlen
Ländervorwahl: +33
Nationale Vorwahl von Paris: 01

Wetter (Durchschnittstemperaturen)
Frühling (April-Juni): 9-20°C
Sommer (Juli-August): 15-25°C
Herbst (Oktober-Dezember): 5-13°C
Winter (Januar-März): 1-12°C

NOTRUFNUMMERN

Rettungswagen (SAMU) / Feuerwehr
15 / 18

Polizei
17

Diplomatische Vertretungen
Deutschland +33 (0)1 5383 4500
Österreich   +33 (0)1 4063 3063
Schweiz   +33 (0)1 4955 6700

NÜTZLICHE WEBSITES

Innerstädtischer öffentlicher Nahverkehr
www.ratp.fr/tourists

Ticketreservierungen für Regionalzüge
www.sncf.com

ANREISE

Mit dem Flugzeug
Flughafen-Express-Züge
Aéroport CDG T2 <-> Châtelet-Les Halles (RER B)
Züge / Fahrten: alle 10-20 Min. / 25-30 Min.
Ab Flughafen Charles de Gaulle 4.50-23.50 Uhr
Ab Châtelet-Les Halles 5.19-0.46 Uhr
Einfache Fahrt: € 11,40 / frei für Kinder unter
4 Jahren

Aéroport Orly <-> Antony <-> Châtelet-Les Halles
Orlyval / Fahrten: alle 5-7 Min. / 8 Min.
Ab Orly-Süd/Antony 6.00-23.35 Uhr
RER B / Fahrten: alle 10-15 Min. / 20-25 Min.
Ab Antony 5.08-23.51 Uhr

Ab Châtelet-Les Halles 5.23-22.26 Uhr
Einfache Fahrt: € 13,30 / frei für Kinder
unter 4 Jahren
www.parisaeroport.fr

Mit dem Zug
Die sechs großen Kopfbahnhöfe in Paris verfügen über eine gute Anbindung an das öffentliche Nahverkehrsnetz. Züge aus Deutschland, Österreich oder der Schweiz halten am **Gare du Nord**, am **Gare de l'Est** oder am **Gare de Lyon**.

Mit dem Fernbus
Der Zentrale Omnibusbahnhof Paris Galliéni (Bagnolet) befindet sich im Osten der Stadt. Mit der Metrolinie 3 erreicht man unkompliziert das Zentrum.

ÖFFENTLICHER NAHVERKEHR

Metro
Bahn (RER & SNCF)
Schiff
Bus
Taxi
Straßenbahn
Vélib' (Netz von Fahrradstationen)

Zahlungsmittel
Kreditkarte (Metro-Ticket-Fenster)
Bargeld

FEIERTAGE

Januar	Neujahr (1.)
März/April	Ostermontag
Mai	Tag der Arbeit (1.), Tag der Befreiung 1945 (8.), Himmelfahrt, Pfingstmontag
Juli	Nationalfeiertag (14.)
August	Mariä Himmelfahrt (15.)
November	Allerheiligen (1.), Waffenstillstandstag 1918 (11.)
Dezember	Weihnachten (25.)

Museen, Galerien und Läden sind am 1. Jan., 1. Mai und/oder 25. Dez. entweder geschlossen oder haben Feiertags-Öffnungszeiten.

2

Kunst & Design

La Gaîté Lyrique
www.gaite-lyrique.net

Air de Paris
www.airdeparis.com

Galerie Perrotin
www.perrotin.com

Yvon Lambert
www.yvon-lambert.com

Carpenters Workshop Gallery
carpentersworkshopgallery.com

104 Centquatre (#16)
www.104.fr

3

Designbücher & Magazine

Ofr. (#26)
FB: @0fr

Yvon Lambert Libraire
shop.yvon-lambert.com

Artazart Design Bookstore
www.artazart.com

Centre Culturel Suisse · Paris
www.ccsparis.com

107Rivoli @Les Arts Decoratifs
www.lesartsdecoratifs.fr

Florence Loewy by artists
www.florenceloewy.com

Le Pied de Biche
www.lepieddebiche.com

La librairie Mona Lisait
www.monalisait.fr

4

Süßes Naschwerk

Schokolade und Pralinen
Pâtisserie Pierre Hermé
www.pierreherme.com

Macarons
Bei La Mère de Famille
www.lameredefamille.com

Mont-Blanc
Angelina
www.angelina-paris.fr

Kuchen & Gebäck
Arnaud Larher
www.arnaud-larher.com

Soufflé
Le Soufflé
www.lesouffle.fr

Chausson aux Pommes Fraîches
Du Pain et Des Idées
dupainetdesidees.com

5

6

7

Wein & Käse

Konzerte & Live-Gigs

Freizeit

Burgunder Wein
Marsannay oder Hautes Côtes
de Nuit (Robert Jayer-Gilles)
La Crèmerie
FB: @lacremerieparis

Le Vin en Tête
(nach Sylvain Thieblemont
fragen)
www.levinentete.fr

Käse
Fromagerie Quatrehomme
www.quatrehomme.fr

Fontainebleau
La Ferme Saint-Hubert
www.la-ferme-saint-
hubert-de-paris.com

Laurent Dubois
www.fromageslaurentdubois.fr

Petit Bain
www.petitbain.org

Le Batofar
www.batofar.fr

Point Éphémère (#17)
www.pointephemere.org

**Cité de la Musique –
Philharmonie de Paris**
philharmoniedeparis.fr

**Abseits ausgetretener Pfade
Neues entdecken**
16. Arrondissement

Picknick
Canal Saint-Martin (#2)
oder entlang des Seine-Ufers

**Am Canal de l'Ourcq
Tischtennis und Boule spielen**
BarOurcq
68 quai de la Loire,
La Villette, 75019

**Open Air Kino
im Sommer**
Festivals Cinéma au Clair de Lune
oder Cinéma en Plein Air

**Frühstück bei Les Deux
Abeilles**
189 rue de l'Université, 75007

8

Souvenirs

Gainsbourg-Schallplatte
Flohmarkt Porte de Vanves

***Nadja* von André Breton**
Surrealistische Romanze, erstmals
erschienen 1928

**Cooles T-Shirt von
Kitsunés „Parisien"-Kollektion**
Maison Kitsuné
kitsune.fr

Originelle Vintage-Objekte
Tombées du Camion
17 rue Joseph de Maistre, 75018
www.tombeesducamion.com

Parfüm von Serge Lutens
Palais Royal – Serge Lutens
www.sergelutens.com

9

Legenden
auf der Spur

Maison de Victor Hugo
www.maisonsvictorhugo.paris.fr

Musée Gustave-Moreau
www.musee-moreau.fr

Maison de Serge Gainsbourg
5bis rue Verneuil,
Saint Thomas d'Aquin, 75007

Friedhof Père-Lachaise (#6)
Gräber berühmter Künstler,
Romanciers & Politiker

Café de la Rotonde
Traditioneller Szenetreff für
Schriftsteller und Maler
105 bd. du Montparnasse, 75006

**Coco Chanels
Apartment & Boutique**
*31 rue Cambon, Place Vendôme,
75001*

10

Drehorte und
Filmkulissen

Louvre
Die Außenseiterbande (1964)
von Jean-Luc Godard

Café des 2 Moulins
Die fabelhafte Welt der Amélie
von Jean-Pierre Jeunet

Avenue des Champs-Èlysées
Außer Atem (1960)
von Jean-Luc Godard

Sacré-Cœur
Sie küssten und sie
schlugen ihn (1959)
von François Truffaut

La Samaritaine
Holy Motors (2012)
von Leos Carax

Pont-Neuf
Die Liebenden von
Pont-Neuf (1991)
von Leos Carax

Symbole

 Öffnungszeiten   Eintritt

 Adresse   Facebook

Kontakt   Website

Anmerkungen

 QR-Codes scannen und per Google Maps die Umgebung erkunden. Dazu ist eine Verbindung zum Internet nötig.

60 x 60

60 Pariser Kreative x 60 Hotspots

Weite Stadtlandschaften, kleine Gesprächsfetzen – Paris bietet jede Menge Inspiration für kreative Motivationskicks. **60 x 60** stellt 60 Lieblingsorte und Szenetreffs vor, die 60 Insider und Kenner mit feinem Gespür für Trends entdeckt haben.

Denkmäler & Architektur

SPOTS · 01 – 12

Historische Monumente inmitten moderner Urbanität – Paris besitzt ein einzigartiges, pittoreskes Stadtbild.

Kunst & Kultur

SPOTS · 13 – 24

Die Pariser Museen widmen sich der Malerei und der Plastik, der Natur und der Stadtgeschichte und begeistern auch architektonisch.

Märkte & Läden

SPOTS · 25 – 36

Kunstauktionen, regionale Erzeugnisse oder Vintage-Mode zeigen die unkonventionelle Lebensart der Pariser.

Restaurants & Cafés

SPOTS · 37 – 48

Feine Backwaren, Käse und Weine sind immer noch heiß begehrt, obwohl eine neufranzösische Kulinarik auf dem Vormarsch ist.

Nachtleben

SPOTS · 49 – 60

Ob Konzerte, Techno, Jazz, Kino, Kneipenrummel, Open Air Konzerte oder anspruchsvolle Kunstevents – in Paris wird abends viel geboten.

Denkmäler & Architektur

Architektur der Moderne, Kultureinrichtungen und herrliche Parks

Keine Stadt ist so wunderbar vielseitig und ausgewogen wie Paris. Sie ist geprägt von einer Mischung aus neoklassizistischer Architektur, experimentellen Glasbauten und weitläufigen Grünanlagen, während in ihren Adern ein unglaublich reichhaltiger Kulturcocktail pulsiert. Reste von Strukturen aus dem 17. und 18. Jahrhundert, die auf eine vielschichtige und zugleich legendäre Historie verweisen, sind nach wie vor bestimmend und von erstaunlicher Autorität. Sie prägen mit Gebäuden von zumeist einheitlicher Höhe das Stadtbild und lassen den ursprünglichen Bebauungsplan auch heute noch erkennen. Seit Anfang des 17. Jahrhunderts herrschen innerhalb von Paris strenge bauliche Auflagen. Kultwahrzeichen wie der Eiffelturm (#4) und Notre Dame auf der Île de la Cité sind für jeden Besucher ein echtes Muss, ebenso das monumentale Institut der arabischen Welt (*1 rue Fossés Saint-Bernard, Saint-Victor, 75005*) und der glänzende Wolkenkratzer-Komplex der Bürostadt La Défense. Trotzdem sollte man unbedingt auch die aktuellen Szene- und In-Viertel erkunden. Bestaunenswert sind zum Beispiel das avantgardistische gläserne Stadthaus Maison de Verre (*31 rue Saint-Guillaume, Saint-Thomas d'Aquin, 75007*) und die zahlreichen Parks mit ihren vielfältigen modernen und historischen Gestaltungsdetails – der Jardin des Tuileries birgt einen wunderschönen französischen Formschnittgarten mit sechseckigen Teichen und eindrucksvollen Skulpturen, ideal für ein Sommerpicknick. Egal, ob man per Fahrrad, Boot oder zu Fuß loszieht, Paris ist als Flanierstadt berühmt und wird seine Wunder auf ausgiebigen Streifzügen offenbaren.

Eiffelturm, S. 017

Baptiste Rouget-Luchaire, *Filmregisseur*

Als Dokumentarfilmer ist Baptiste viel auf Reisen, jedoch freut er sich jedes Mal, wenn er wieder in seine Stadt zurückkommt. Paris steckt voller Überraschungen!

Canal Saint-Martin
015

MWM Graphics
Grafiker

Der Grafiker kommt ursprünglich aus Boston und lebt derzeit in Paris. Er arbeitet an digitalen Illustrationen sowie großen Wandmalereien und beteiligt sich an Kunstausstellungen in Galerien.

STUDIO PLASTAC
Grafikdesigner

Plastac realisiert sowohl eigene Projekte als auch Auftragsarbeiten im Bereich Digital Design, Printmedien und Buchgestaltung. Hervorstechend sind sie vor allem in den Bereichen grafischer Auftritt, Verlagswesen und Animation.

Place des Vosges
014

Les Docks
016

Iris de Moüy
Illustratorin

In Paris geboren und hier auch freischaffend tätig. Iris schreibt Texte für Kinderbücher und zeichnet für Buchverlage und Zeitschriften wie ELLE und Marken wie Hermès, Air France und Le Bon Marché. Sie liebt Paris!

Grande Mosquée de Paris
018

Chloé Desvenain
Grafikdesignerin

Chloé, alias Fakepaper, ist 27 Jahre alt und freischaffende Grafikdesignerin. Sie liebt ihre Arbeit, weil sie ihr neue inspirierende Begegnungen mit Menschen beschert.

Jérémy Murier
Produktdesigner

Hauptsächlich kreiert Jérémy Mode-Accessoires wie Uhren und Brillen, für eine französische Marke und als Freelancer in Eigenregie. Er hat in Paris, Marseille und Lausanne studiert.

Tour Eiffel
017

Cimetière du Père-Lachaise
020

Leslie Dubest
A&R Talent-Scout

Leslie ist 39, Franzose, A&R-Manager, Kreativchef und Vater von zwei Kindern. Seine Leidenschaft sind Musik und Kunst allgemein. Seit fast 20 Jahren ist er im Musikbusiness und außerdem Mitbegründer von The:Hours (jetzt Forward).

Hôtel National des Invalides 022

Patrick Norguet
Industrie- & Interior Designer

Ein Freigeist, konsequent auf der Suche nach der „richtigen Linie." Sein Schwerpunkt ist die Innenarchitektur und er arbeitet für Möbelhersteller und Designlabels wie Cassina, Alias, und Cappellini.

Sophie Gateau
Filmregisseurin

Ihre Karriere begann mit Live-Action-Filmen für Start- und Landebahnen. Seitdem dreht sie Werbespots und Musikvideos. Außerdem war sie als Grafikerin an den Produktionen *Matrix Reloaded* (2003) und *2046* (2004) beteiligt.

Jardin du Luxembourg 021

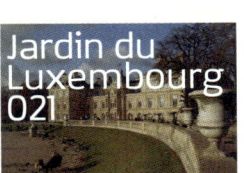

Parc des Buttes-Chaumont 023

Julie Rothhahn
Food-Designerin

Julie begreift Food aus Designersicht. Sie komponiert, präsentiert und inszeniert es. Dabei versucht sie, ihm eine sensitive, regressive, zuweilen auch grenzüberschreitende Bedeutung zu verleihen.

Siège du PCF, Espace Niemeyer 025

Sophie Toporkoff
Art Director

Sophie war bisher als Communication Art Director von Maison Martin Margiela tätig, hat Zeitschriften gemacht und viel gezeichnet. Für ihre Arbeit ist sie stets auf der Suche nach neuen Ideen oder Anregungen.

Manuelle Gautrand
Architektin

Manuelle ist französische Architektin. 1991 gründete sie Manuelle Gautrand Architecture. Einige Gebäude in Paris sind von ihr, so z. B. der Hauptsitz von Barclay Headquarters im 8. Arrondissement.

Villa Savoye 024

Citroën C42 026

1 Place des Vosges
Karte H, S. 108

Im Stadtteil Marais umgrenzen 36 symmetrisch angelegte Backsteinhäuser ein elegantes Karree. De facto ist dieses stilvolle Wahrzeichen – seit 1954 offiziell ein historisches Denkmal – der älteste Platz in Paris. Um ihn herum befinden sich Arkaden mit Kunstgalerien, Läden, Hotels und Cafés. Hier, nämlich im Haus Nr. 6, lebte auch Victor Hugo, der Autor von *Die Elenden* (1862) und dem *Glöckner von Notre-Dame* (1831). Ein Bummel rund um den Platz und zu einem der Springbrunnen in der Mitte offenbart den Pariser Baustil in seiner ganzen Pracht.

🏠 L'Arsenal, 75004
📎 Maison de Victor Hugo:
10–18 Uhr (Di–So)
🔗 www.maisonsvictorhugo.paris.fr

„Der schönste Platz in Paris.
Picknicken im Garten ist ein Genuss!"
– Baptiste Rouget-Luchaire

② Canal Saint-Martin
Karte G, S. 107

1825 wurde der Canal Saint-Martin als 4,5 km langes Bindeglied zwischen der Seine und dem Bassin de la Villette und damit zwischen der Stadt und den Vororten eröffnet. Heute ist er ein Magnet für die Intellektuellen der Pariser Bourgeoisie. Mit neun Schleusen, zwei Zugbrücken und unterirdischen Gewölbetunneln bietet seine malerische Szenerie tagsüber eine perfekte Kulisse beim Picknicken im Freien und am Abend für das Ausgehen mit Freunden. Man beachte die Leute, die zum Point Éphémère (#17) am Kanal entlang schlendern. Du Pain et Des Idées in der 34 rue Yves Toudic ist ein Bäckerei, die man nicht links liegen lassen sollte.

🏠 *Porte Saint-Martin, 75010*

„Für einen Spaziergang von der Place de la République aus ostwärts und einen Abstecher in die interessanten Viertel voller Graffiti und Urban Art braucht es eine Stunde Zeit."

– MWM Graphics

3 **Les Docks –**
Cité de la Mode et du Design
Karte N, S. 111

Mit offenen Außenfassaden und einem neuen, ausladenden Dach ist die Lagerhalle aus Beton (1907), von den Architekten Dominique Jakob und Brendan MacFarlane 1998 wieder zum Leben erweckt, heute ein Zentrum für Modemacher und Labels. Hier hat auch das Institut Français de la Mode, die Elitehochschule für Mode, Luxus und Design, ihren Sitz. Nach einem Streifzug durch Galerien und Designerstores auf 20.000 Quadratmetern bietet sich ein Veggie-Lunch im M.O.B an. Nachts steigt dann die Party, z. B. im legendären Wanderlust. Den besten Eindruck von der Gebäudestruktur und dem raupenähnlichen Dach am Seine-Ufer erhält man via Eingang zum Gare de Lyon.

🕙 10–24 Uhr (tägl.)
🏠 34 quai d'Austerlitz, Salpêtrière, 75013
☎ +33 (0)1 7677 2530
URL www.citemodedesign.fr

„Es ist eine grandiose futuristische Architektur am Seine-Ufer. Fantastischer Ausblick vom Dach aus!"
– STUDIO PLASTAC

4 Tour Eiffel

Karte L, S. 111

Zur Hundertjahrfeier der Französischen Revolution und zur Weltausstellung 1889 von Gustave Eiffel (1832–1923) erbaut, ist der Eiffelturm das ultimative Wahrzeichen von Paris. Mit seinen schwindelerregenden 324 Metern Höhe war der Eisenbau im 19. Jahrhundert ein Meilenstein des technischen Fortschritts. Das einst größte Bauwerk der Welt, das für seine unvergleichlichen Ausblicke berühmt ist, steht heute für pure Romantik. Am besten stellt sich dieses Paris-Feeling bei einem Schluck Champagner ein, mit Blick auf den Louvre und Notre Dame im Lichterglanz unter dem Nachthimmel.

🕐 9–0.45 Uhr (tägl.), 9.30–23.45 Uhr (15. Juni–1. Sept.)
💶 € 17/14,50/11/8,50 🏠 5 av. Anatole France, Gros Caillou, 75007 🔗 www.toureiffel.paris
📎 Letzter Einlass: 45 Min. vor Schließung

„*Weil er nachts magisch ist! So steht es in En route pour la tour Eiffel. Bei der Lektüre meines Buchs wird sich der ganze Zauber offenbaren!*"

– Iris de Moüy

5 Grande Mosquée de Paris
Karte I, S. 109

Die im spanisch-maurischen Stil erbaute Große Pariser Moschee im Herzen von Paris ist die größte der Stadt und die drittgrößte in Europa. 1926 wurde die Moschee zu Ehren der nordafrikanischen Länder erbaut, die Frankreich im Ersten Weltkrieg zur Seite gestanden hatten. Das Bauwerk ist mit kostbaren Marmorböden, aufwendigen Kachelarbeiten und originellen Wasserspielen reich ausgestattet. Wer mehr über den Islam erfahren will, kann an einer Führung teilnehmen oder sich in den üppigen Sitzkissen im Café oder im Teezimmer mit aromatischem Naschwerk verwöhnen lassen.

🕐 9–12, 14–18 Uhr (Sa–Do, außer Ramadan und muslim. Feiertage), Sommer: –19 Uhr € € 3
🏠 2bis place du Puits de l'Ermite, Jardin des Plantes, 75005 📞 +33 (0)1 4535 9733
URL *www.mosqueedeparis.net*
🔗 Führungen: 9, 12, 14 und 18 Uhr

„Um 17 Uhr ist Teatime mit Minztee und feinem Gebäck. Danach flattern die Spatzen herbei und picken die Krümel auf. Ein hübsches Schauspiel!"
– Chloé Desvenain alias Fakepaper

6 Cimetière du Père-Lachaise
Karte P, S. 111

Der nach dem Beichtvater von König Ludwig XIV. benannte Friedhof Père Lachaise galt den Jesuiten als beschaulicher Rückzugsort, bis ihn Napoleon 1804 zum allgemeinen Bestattungs-areal erklärte. Auf diesem größten Pariser Stadtfriedhof mit seinem dichten Baumbe-stand liegen Berühmtheiten wie Frédéric Cho-pin, Jim Morrison, Edith Piaf und Oscar Wilde in Gräbern mit prunkvoll verzierten Grabsteinen. Der Haupteingang ist von der Metrostation Philippe Auguste (M2) aus erreichbar. Im Fried-hofsbüro (16 rue du Repos) liegen kostenlose Orientierungspläne aus.

🕐 8–18 Uhr (Mo–Fr), 8.30– (Sa), 9– (So), geänderte Öffnungszeiten von Okt. bis März 🏠 8 bd. Ménilmontant, Père Lachaise, 75020
📞 +33 (0)1 5525 8210 **URL** *www.equipement. paris.fr/cimetiere-du-pere-lachaise-4080*

„Eine sehr idyllische letzte Ruhestätte. Ihre klein-stadtähnliche Struktur mit Familiengruften im ältesten Teil des Areals ist originell und verstörend!"
– Jérémy Murier

7 Jardin du Luxembourg

Karte M, S. 111

Zwischen dem Universitätsviertel „Quartier Latin" und Montparnasse liegt der „Luxemburggarten", zweitgrößter öffentlicher Park in Paris und Schlossgarten des Palais du Luxembourg, dem Sitz des Senats. Im Auftrag von Maria von Medici, der Witwe von Heinrich IV., im 17. Jahrhundert erbaut, birgt der 25 Hektar große „Luco" 106 Skulpturen sowie Bäume und Sträucher, die nach französischem und englischem Landschaftsgartendesign angelegt und gestaltet wurden. Im Oktober blühen hier üppige Chrysanthemen; außerdem laden ein Orchideenhaus, ein Rosengarten und kostenfreie Fotoausstellungen zur Besichtigung ein. In einer Imkerei kann man etwas über die Bienenzucht erfahren.

🕐 ca. 8 Uhr bis zur Abenddämmerung (tägl.) 🏠 l'Odéon, 75006 🔳 www.senat.fr/visite/jardin 📎 Führung: 9.30 Uhr (April–Okt. 1. Mi d. M., Juni j. Mi)

„Der Medici–Brunnen, entstanden im Auftrag Marias von Medici, ist ein Juwel! Kindern gefällt eine Ruderpartie auf dem zentralen Teich."

– Leslie Dubest, Un Plan Simple

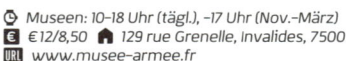

 8 **Hôtel des Invalides**
Karte B, S. 102

Dieser Prestigebau, zu Deutsch „Invaliden-
heim", veranschaulicht Reichweite und
Grandeur der französischen Geschichte. Von
Sonnenkönig Ludwig XIV. in den 1670er-Jahren
als Heim für Kriegsversehrte erbaut, beherbergt das Ensemble heute drei Museen: das
Musée de l'Ordre de la Libération, das Musée
des Plans-Reliefs und das Armeemuseum mit
der größten militärgeschichtlichen Sammlung
des Landes. Von der Grünanlage in 500 Meter
Entfernung aus lässt sich die mit Gold verzierte
Kuppel bestaunen.

🕐 *Museen: 10–18 Uhr (tägl.), –17 Uhr (Nov.–März)*
💶 *€12/8,50* 🏠 *129 rue Grenelle, Invalides, 75007*
🔗 *www.musee-armee.fr*
🔗 *Besondere Öffnungszeiten zu Weihnachten
und in den Frühjahrsferien*

„Es ist ein geschichtsträchtiger Ort und ich
stehe absolut auf Geschichte. Die Sammlung
der Uniformen und die Miniaturen von
Charles Sandre sind fantastisch!"

– Patrick Norguet

9 Parc des Buttes-Chaumont
Karte K, S. 110

Als eigenwilliger Garten Eden vor den Toren der Stadt und in nächster Nähe zu Belleville ist der Parc des Buttes-Chaumont, zu Deutsch „Anhöhen am kahlen Berg" der abschüssigste Landschaftsgarten von Paris. Auf Wunsch von Napoleon III. sollten noch mehr städtische Grünflächen angelegt werden. Die Umgestaltung der Stadtlandschaft erfolgte dann unter Federführung von Landschaftsarchitekt Jean-Charles Alphand (1817–1891), der den einstigen „kahlen Hügel" mit üppiger Vegetation, Seen, Kaskaden und Vogelfauna verschönerte. Der Sibyllentempel soll eine originalgetreue Nachbildung des Tempels der Vesta in Tivoli sein.

🕐 7–21 Uhr (tägl.)
🏠 1 rue Botzaris, Combat, 75019
📞 +33 (0)1 4803 8310

„Ein sehr steiler Park abseits der Touristenströme.
Bei schönem Wetter ist es ein herrlicher Ort zum
Spazierengehen oder Picknicken im Gras."

– Sophie Gateau

 **Villa Savoye**
Karte A, S. 102

Bekannt als eines der bedeutendsten Design-
häuser des 20. Jahrhunderts folgt die Villa Savoye dem Mantra, dass „das Haus eine Wohn-
maschine" sei. Dieses Landhaus der Moderne
setzt die Idee seines Schöpfers Le Corbusier
(1887–1965) um, die sogenannten „Fünf Punkte
zu einer neuen Architektur": Außenwände
werden gegen Piloti (verstärkte Betonstelzen)
ausgetauscht. Hinzu kommen ein Dachgarten,
Fensterbänder, eine offene Raumaufteilung
und Fassaden ohne bauliche Einschränkungen.
Mit dem RER A nach Poissy Gare Sud, dann mit
Bus 50 („la Coudraie") nach „Villa Savoye".

🕐 10–17 Uhr (Di–So), –18 Uhr (Mai–Aug.)
💶 € 8/6,50 🏠 82 rue de Villiers, Poissy, 78300
📞 +33 (0)1 3965 0106 **URL** www.villa-savoye.fr
📎 Führung (EN): 10.30 Uhr

*„Es ist ein hervorragendes Beispiel des
Architekturschaffens von Le Corbusier. Auf zu
einem angenehmen Nachmittag nahe Paris!"*
– Julie Rothhahn

11 PCF-Zentrale, Espace Niemeyer

Karte K, S. 110

Besuchern des Hauptsitzes der Kommunistischen Partei Frankreichs eröffnet sich beim Herannahen eine filmähnliche Kulisse: die geschwungene Glasfassade erinnert an eine Fahne, die eine halb versenkte weiße Kuppel umweht. Darunter befindet sich ein Sitzungssaal. 1980 von dem brasilianischen Architekten Oscar Niemeyer (1907–2012) realisiert, beeinflusst von Kollegen wie Jean Deroche, Paul Chemetov, Jean-Maur Lyonnet und Jean Prouvé, ist dieser sechsstöckige Bau inzwischen auch eine Spielwiese für Prada, Christian Dior und Louis Vuitton. Nach dem Herumspionieren in der Parteizentrale unbedingt rauf ins Dachcafé!

🏠 *2 place du Colonel Fabien, Combat, 75019*
URL *www.pcf.fr*

„Das Gebäude sollte niemanden einschüchtern – meist finden drinnen Shows statt, die der breiten Öffentlichkeit zugänglich sind."

– Sophie Toporkoff

12 Citroën C42

Karte C, S. 103

Man muss kein Autofreak sein, um diesen phänomenal konzipierten, riesigen Showroom wertzuschätzen. Eingebettet zwischen zwei Hausmannschen Gebäuden an der vielbesuchten Champs-Élysées präsentiert sich die Ausstellungsfläche von Citroën mit sechs modern gestalteten Etagen als gläserner Schaukasten. Im Foyer stoßen Besucher auf den „Fahrzeugbaum" mit acht Autos, die von der spiralförmigen Galerie aus auf dem Weg nach oben und unten betrachtet werden können. Von ganz oben hat man einen einzigartigen Blick auf die berühmte Avenue.

🕐 11–20/22 Uhr (Mo–Fr), 10– (Sa, So)
🏠 42 av. des Champs-Élysées, Faubourg-du-Roule, 75008
📞 +33 (0)1 5643 3670
URL www.c42paris.fr

„Eine echte Architekturikone an der ‚schönsten Avenue der Welt' und der Vorzeige-Showroom einer französischen Automarke. Ich bin die Architektin!"

– Manuelle Gautrand

Kunst & Kultur

Kunstmärkte, Kultureinrichtungen und Galerien

Anzunehmen, die Pariser Kunstszene erschöpfe sich darin, Darstellungen romantischer Begegnungen oder Schauplätze und Aktgemälde in Öl hervorzubringen, greift viel zu kurz! Es gibt große Lust auf mutiges neues Denken und kreative Innovation. Gewagte Ideen und provokante Inszenierungen setzen sich im Pariser Kulturleben über Engstirnigkeit und Grenzen hinweg. In einem Mix aus Dauer- und Wechselausstellungen zeigt sich die enorme Vielfalt des Kunstprogramms. Am spannendsten sind die Randbezirke der Stadt, wo junge Talente und Subkultur-Initiativen aufregende Shows und alternative Aufführungen realisieren. Um das Beste an kommerziellen Angeboten und florierender Subkultur mitzubekommen, sollte man für seinen Kulturtag eine bunte Mischung aus Ausstellungen und Unterhaltung einplanen, z. B. die Besichtigung eines Monets im Petit Palais (*av. Winston Churchill, Champs-Élysées, 75008*) bei Tageslicht und am Abend dann einen Arthouse-Film im Le Louxor (#15). Zum Glück gehen in Paris tolles Essen und große Kunst oft Hand in Hand. Auf dem Streifzug durch die unzähligen Kreativräume sollte man nicht vergessen, einen Blick auf die Speisekarten zu werfen – Palais de Tokyo (#18) und La Halle Saint Pierre (#21) bieten eine fantastische Mittagskarte an.

Combo Culture Kidnapper, *Straßenkünstler*

Combo Culture Kidnapper ist Straßenkünstler und kleistert Poster an Häuserwände, auf denen Menschen als Comic-figuren dargestellt sind.

Centre Pompidou 032

Alex VI.
Fotograf

Alex ist ein französischer Foto-graf, der sich vor allem von der architektonischen Schönheit von Paris inspirieren lässt. Er „malt mit Licht", d. h. er spielt in Nachtaufnahmen mit Feuer, Feuerwerk und elektrischen Lichteffekten, während er fotografiert.

104 Centquatre 035

Grand Palais 033

COLONEL
Kreativ-Agentur

Sie führen ein französisches Designstudio und nahe dem Canal Saint-Martin einen Laden mit ihren eigenen Möbelkollek-tionen und Designleuchten.

Point Éphémère 038

Agathe Cordelle & Olivia Zeitline, *Kreatives Duo*

Die beiden sind in Paris geboren und aufgewachsen und auf redaktionelle Strategien spezialisiert. Sie managen The Editorialist und machen für reecrire.com die redaktionelle Betreuung zu Themen rund um Kunst und Gesellschaft.

Almasty
Kreativ-Agentur

Sie heißen Charles Bataillie und Anna Apter und leben seit 2010 in Paris, wo sie seither als Art Directors und Illustratoren für Almasty arbeiten. Ihr Herz schlägt für Lemuren.

Le Louxor 034

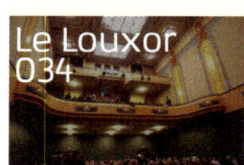

BETILLON / DORVAL-BORY
Architekturbüro

Raphaël Bétillon und Nicolas Dorval-Bory entwerfen seit 2009 öffentliche Gebäude und realisieren kleine experimen-telle Projekte. Dorval-Bory lehrt auch an der Hochschule für Architektur (ENSA) in der Normandie.

Palais de Tokyo 039

Alexis Devevey
Künstler, Rero Art

Alexis Deveveys Schaffen pendelt zwischen Urban Art und Konzeptkunst. Mit Appropriation und Selbstzensur lotet er die Grenzen der Kunst aus und beschäftigt sich mit Überlegungen zur Bildnegation.

Fondation Louis Vuitton 042

ARRO Studio
Kreativ-Agentur

2012 gegründet und mit Sitz in Paris, ist ARRO aus der gemeinsamen Inspiration von Erik Arlen und Ludo Roth entstanden. ARRO hat eine globale Sicht auf Design und arbeitet multidisziplinär.

JUL & MAT
Regisseur-Duo

JUL & MAT wurden in der Szene mit „L'homme à 100 Têtes" und Musikvideos bekannt. Das Team hat sich auf Konzeptfilme spezialisiert und macht durch Grafikkunst und neue Erzählformen von sich reden.

Backslash Gallery 040

Halle Saint Pierre 043

La Maison Rouge 046

Sandrine Estrade Boulet
Künstlerin & Fotografin

Allô, bonjour! Comment ça va? Une baguette, s'il vous plaît? Als kleines Mädchen lag sie oft stundenlang auf der Rutsche und schaute sich die Wolken an. Heute hat sie beschlossen, damit niemals aufzuhören.

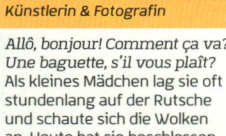

Jules Julien
Künstler & Illustrator

Seit 13 Jahren lebt und arbeitet er im Pariser Stadtviertel Montmartre. Jules Julien empfindet Paris als einen genialen Ort für alle, die Kunst und Mode lieben!

one more studio
Kreatives Trio

Gaël Hugo, Charlotte Marcodini und Guilhem Moreau arbeiten in diesem Studio alle eigenständig, tauschen aber ihr Know-how aus, um auf ihrem Gebiet radikal neue Wege zu gehen – von Grafik bis Motion-Design.

Le Bal 044

12 MAIL 047

13 Centre Georges–Pompidou
Karte E, S. 106

Mit seinem Funktionscharakter, der sich in Rohren, Sanitärtechnik und Lüftungsschlitzen an der Außenfassade manifestiert, ist das Centre Pompidou regelrecht von „innen-nach-au-ßen" gestülpt. Seit 1977, dem Jahr seiner Einweihung, haben über 150 Millionen Besucher die sechs Etagen dieses Kulturlabyrinths besichtigt. Sein großer Maßstab – eine Vision der Architekten Renzo Piano, Richard Rogers und Gianfranco Franchini – zeigt sich im Musée National d'Art Moderne (4.–5. OG) mit über 65.000 Kunstwerken (ab 1905) und in der öffentlichen Bibliothek (1. OG) mit 450.000 Büchern.

🕐 *11–21 Uhr (Mi–Mo), –23 Uhr (Do)*
€ *€ 14/11/ Eintritt frei (1. So im Monat)*
🏠 *place Georges–Pompidou, Saint-Gervais, 75004*
📞 *+33 (0)1 4478 1233* URL *www.centrepompidou.fr*

„Wer sich eine Stunde Wartezeit sparen will, gibt am Eingang einfach vor, zum Restaurant Georges zu wollen und nimmt an der Piazza den Aufzug."

– Combo Culture Kidnapper

14 Grand Palais

Karte C, S. 103

Das majestätische Glasdach des Grand Palais dient als transparente Schutzhülle, unter der zahlreiche Veranstaltungen stattfinden und 43 Museumsläden untergebracht sind. Seit einem Jahrhundert werden hier viele Ausstellungen, Konzerte und Gastspiele gezeigt. Das ikonische Baudenkmal ruft mit seiner monumentalen Eingangshalle, der größten in Europa, schon beim Ankommen Staunen hervor. Besonders beeindruckend innerhalb des Gebäudekomplexes sind das Palais de la Découverte, das Wissenschaftsmuseum, und das Planetarium. Von hier aus kann man den Himmel über der französischen Hauptstadt beobachten und etwas über Astronomie lernen.

🕐 10–22 Uhr (Mi–Mo) 🇪 *Preis je nach Show*
🏠 *3 av. du Général Eisenhower, Champs-Élysées, 75008 (Eingang an der av. Winston Churchill, av. du Général Eisenhower & av. Franklin-D.-Roosevelt)*
📞 *+33 (0)1 4413 1717*
URL *www.grandpalais.fr*

"Mit dem Besuch an einem Werktag lässt sich der Wochenendansturm gut umgehen."
– COLONEL

 **15 Le Louxor**
Karte F, S. 106

Dieses originelle Kino, in dem sich Pariser Ästhetik mit ägyptischem Flair vermischt, liegt nord-
westlich des Gare du Nord. Zwischenzeitlich war
es auch eine Drogenhöhle, eine Schwulendisco
und ein 80er-Nightclub. Das schon seit 1921 be-
stehende Art-déco-Filmtheater wurde kürzlich
restauriert und erstrahlt nun wieder in seinem
einstigen Glanz. Türkisfarbene, goldene und
grellgelbe Farbtöne bestimmen das Interieur
der drei Säle; der Kinosaal „Youssef Chahine"
hat insgesamt 342 Sitzplätze. Zur Kinobesich-
tigung einfach einen der vielen internationalen
Arthouse-Filme anschauen!

🕐 *Öffnungszeiten je nach Filmvorführung*
💶 *€ 9,50/7,90/5,80/6/5*
🏠 *170 bd. de Magenta, Saint Vincent de Paul,*
75010 📞 *+33 (0)1 4463 9698*
URL *www.cinemalouxor.fr*

„Es ist ein mit ägyptischen Elementen gestaltetes
Kino der Vorkriegszeit in ausgeprägtem Art-déco-Stil,
das Arthouse-Filme zeigt."

– Almasty

16 104 Centquatre
Karte K, S. 110

Das Gebäude aus dem 19. Jahrhundert, einst ein städtisches Bestattungsunternehmen, bietet heute künstlerische Einrichtungen und ein gemeinschaftliches Kulturprogramm. Damit ist die Erinnerung an den Tod zum Glück in weite Ferne gerückt. Im Rahmen eines 100-Millionen-Euro-Restaurierungsprojekts hat sich das Kulturzentrum zu einer der experimentellsten Kunstinitiativen gemausert. Auf insgesamt 39.000 Quadratmetern werden alternative Konzerte geboten sowie Theater, Tanz, Musik, Kino, Digitalkunst und Urban Art von den innovativsten Nachwuchskünstlern der Stadt.

🕐 12–19 Uhr (Di–Fr), 11– (Sa, So) 💶 Preis je nach Programm 🏠 108 rue d'Aubervilliers, La Villette, 75019
📞 +33 (0)1 5335 5000 🔲 www.104.fr
✂ Tickets online oder an der Abendkasse

„Hier werden wirklich schöne Ausstellungen und faszinierende Kunstperformance geboten."

– Alex VI.

17 Point Éphémère
Karte K, S. 110

Das Point Éphémère am Canal Saint-Martin (#2)
ist bekannt für sein progressives Kultur- und
Residenzprogramm für Künstler und lockt auch
deshalb junges Partyvolk in das Stadtviertel.
Aus- und inländische Talente perfektionieren
in den großzügigen Räumen ihr Können. Hier
sind ein Tanzstudio, eine Multimedia-Plattform,
Musikprobenräume und mehrere Kunst- und
Grafikateliers untergebracht. Das Lagerhaus
aus den 1920ern verfügt auch über eine Rock-
bar, in der jeden Tag ordentlich gezecht wird,
bzw. ein Soulfood-Lokal direkt am Wasser. Der
Eintritt zu den Ausstellungen (14–19 Uhr) ist frei.

🕑 *12.30–2 Uhr (Mo–Sa), –22 Uhr (So)*
💶 *Eintrittspreise je nach Vorstellung*
🏠 *200 quai de Valmy, L'Hôpital Saint-Louis, 75010*
📞 *+33 (0)1 4034 0248* URL *www.pointephemere.org*

„Nach der Vorstellung noch kurz auf ein Bier
in eine der Bars am Canal Saint-Martin!"
– Agathe Cordelle & Olivia Zeitline

 **Palais de Tokyo**
Karte C, S. 102

Das Palais de Tokyo ist eine 7.800 Quadra-
meter große Stahl- und Betonhülle ohne
ständige Sammlung, aber es bietet der Szene
unkonventionelle Kunstausstellungen und
Kulturevents. Was hier gezeigt wird, ist schwer
vorhersehbar, bedient aber den Geschmack
eines avantgardistischen Publikums auf der
Suche nach topaktuellen Themen. Wechselausstellungen garantieren bis Mitternacht
hinein Party-Atmosphäre. Die große Buchhand-
lung ist auf jeden Fall eine Stippvisite wert.
Die Esplanade beschert einem auch mal ein
anderen Ausblick auf den Eiffelturm (#4).

🕐 12–24 Uhr (Mi–Mo), –18 Uhr (24. & 31. Dez.)
€ €12/9
🏠 13 av. du Président Wilson, Chaillot, 75116
📞 +33 (0)1 8197 3588
URL *www.palaisdetokyo.com*

„Unbestritten das beste zeitgenössische
Kunstzentrum in Paris."
– BETILLON / DORVAL-BORY

Backslash Gallery
Karte D, S. 105

Diesen mattschwarzen, in einer Reihe von
weißen Stadthäusern eingelassenen Kasten
im aufstrebenden Arts-et-Métiers-Viertel kann
man kaum übersehen. Der 250 Quadratmeter
große Raum ist eine einzigartige Plattform für
ein neues, mutiges Kunstschaffen mit einem
generations- und medienübergreifenden
Künstleraufgebot aus den Genres Fotografie,
Plastik, Malerei und Videokunst. Kunstliebhaber
werden in dem unablässig kühnen Galerie-
programm schwelgen. Themenschwerpunkte
waren schon Maskulinität, Exil und afro-
amerikanische Identität.

 🕐 14–19 Uhr (Di-Sa)
📍 29 rue Notre-Dame de Nazareth,
Arts et Métiers, 75003
📞 +33 (0)9 8139 6001
🔗 www.backslashgallery.com

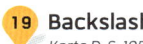

„Monat für Monat ein Muss, um das Werk eines neuen
Künstlers in einem herrlichen Raum zu entdecken.
Ganz im Zeichen moderner Konzeptkunst."

– Alexis Devevey, Rero Art

 20 Fondation Louis Vuitton
Karte J, S. 109

Der Neuzugang der Pariser Museumsfamilie
(seit 2014) sticht aufgrund der gewagten Architektur Frank Gehrys sofort hervor und ruft auf
vielen Gesichtern Fragezeichen hervor. Dieser
hohe Anspruch zieht sich auch durch die viel-
fältige Sammlung von Kunstwerken aus dem
20. und 21. Jahrhundert, deren Bestände seit
den 1960er-Jahren kontinuierlich gewachsen
sind. Die hier gezeigten Exponate reflektieren
unsere sich wandelnde Welt und fordern den
Betrachter zu kritischem Denken heraus.

🕐 9–21 Uhr (Mo–Do, Sa–So), –23 Uhr (Fr)
€ € 16/10/5
🏠 8 av. du Mahatma Gandhi, Bois de Boulogne, 75116
📞 +33 (0)1 4069 9600 URL fondationlouisvuitton.fr
🖉 Okt.–März längere Öffnungszeiten.
*Shuttleservice zwischen Stiftung & Place Charles-
de-Gaulle: € 2 (nur mit Eintrittskarte)*

„*Darauf hat Paris schon lange (seit Ming Peis
Louvre-Pyramide, die 1988 erbaut wurde)
gewartet: ein Kunstforum von enormer Größe,
kühn und zeitgemäß.*"
– ARRO Studio

21 Halle Saint Pierre

Karte F, S. 106

Ein Streifzug durch die Halle Saint Pierre in den Randbereichen des Mainstreams ist ein probates Gegenmittel zu den sterilen Kommerzangeboten andernorts. Die auf Art Brut (autodidaktische Kunst von Laien, Kindern oder behinderten Menschen) spezialisierte Kunstoase hat Nischencharakter und bietet großflächig inszenierte Volks- und Außenseiterkunst. Hinter den Eisen-und-Glas-Fassaden aus dem 19. Jahrhundert befinden sich ein Museum, eine Galerie, ein Buchladen und ein Café. Pro Jahr werden drei Wechselausstellungen gezeigt. Nach der Multikulti-Stöbertour wartet im Café eine leckere Quiche mit Salatgarnitur!

🕐 *11–19 Uhr (Mo–Sa), 12–18 Uhr (So), im August an Wochenenden geschlossen*
€ *€ 9/7/6*   🏠 *2 rue Ronsard, Clignancourt, 75018*   📞 *+33 (0)1 4258 7289*
URL *www.hallesaintpierre.org*

„*Volkskunst und Art Brut in schönster Vielfalt!*"

– JUL & MAT

22 Le Bal
Karte F, S. 106

Der Wert des Bildes wird im heutigen Lebens-
umfeld zunehmend infrage gestellt. Le Bal will
mit der Schaffung eines Raums, in dem über
die Darstellungen von Realität heiß debattiert
und Kritik geäußert werden kann, engagiert
zu dieser Auseinandersetzung beitragen. Als
unabhängiger Schauplatz für alle Arten von
Bildproduktion – Fotografie, Video, Film und
neue Medien – bietet der zweistöckige Aus-
stellungsraum ganzjährig eine Gesprächsreihe,
Seminare und Vorträge. Zum stillen Nachden-
ken bietet sich ein entspanntes Verweilen
auf der verglasten Terrasse an. Von dort kann
man den Blick über das geschäftige Viertel
schweifen lassen.

🕐 12–22 Uhr (Mi), –19 Uhr (Do–So)
💶 € 6/4
🏠 6 Impasse de la Défense,
Grandes-Carrières, 75018
📞 +33 (0)1 4470 7550
URL *www.le-bal.fr*

„Ein ausgezeichneter, nicht zu großer Kunstraum
mit hochwertigen Ausstellungen und einem Café.
Dank des Buchsortiments ideal zum
erholsamen Verweilen."
– Sandrine Estrade Boulet

23 La Maison Rouge
Karte H, S. 108

Zwischen monografischen und thematischen Kunstpräsentationen wechselnd, ist die 2.000 Quadratmeter große Galerie am Boulevard de la Bastille eine provokative „Wunderkammer". Dieser blutrote Schrein bietet oft düsteren Ausstellungsobjekten Raum, wie bei der mutigen Kannibalismus-Schau „Tous Cannibales"; die Ausstellung „Memories of the Future" wiederum zeigte den Tod thematisierende Künstler wie Albrecht Dürer (1471–1528) und Damien Hirst. Die Rose Bakery ums Eck bietet eine Pariser Interpretation englischen Backwerks und ist die Anlaufstelle für ein kurzes Durchatmen.

🕐 11–19 Uhr (Mi–So), –21 Uhr (Do)   💶 €10/7
🏠 10 bd. la Bastille, Quinze–Vingts, 75012
📞 +33 (0)1 4001 0881
URL www.lamaisonrouge.org

„Die Kuchen am Eingang sind eine Kostprobe wert. Sie schmecken vorzüglich!"
– Jules Julien

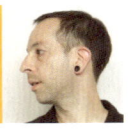

 ## 24 12MAIL
Karte D, S. 104

Als anarchische Interpretation des konven-
tionellen weißen Cube–Raums geht es der
Kunstinitiative von Red Bull nicht um große
Namen oder hohe Preise. Stattdessen stehen
hier kontroverse Ideen und unzensiertes
Experimentieren im Mittelpunkt. Im Jahr 2009
eröffnet und im 2. Arrondissement gelegen,
überlässt 12MAIL die kuratorische Oberhand
Elisabeth Arkhipoffs fiktionaler Band „Sport Hit
Paradise" sowie den Verlegern des eigenstän-
digen Tattoo–Magazins *Sang Bleu*. Der Blog hält
Interessierte auf dem Laufenden, damit sie die
nächste Schockaktion nicht verpassen.

🕐 *14–18 Uhr (Mi–Fr)*
🏠 *12 rue du Mail, Mail, 75002*
✉ *infos@12mail.fr*
🔗 *www.12mail.fr*

*„Hier treibt man es gern auf die Spitze
und hart an den Rand moderner Kunst."*

– one more studio

Märkte & Läden

Lokale Designs, französische Kulinarik und erlesene Kunstbücher

Pariser scheinen alle Facetten des Konsums perfektioniert zu haben. Die Gepflogenheit, fein zu essen, sich gut zu kleiden und geschmackvoll zu shoppen, ist allgegenwärtig in einer Hauptstadt, die mit wunderschönen Boutiquen und außergewöhnlichen Produkten gesegnet ist. Vintage-Fans werden feststellen, dass Paris ein ganz natürliches Gespür für gut archivierte Artefakte der Modewelt hat, die mal im Einzelhandel günstig zu haben sind, mal eine Sonderinvestition erfordern. Bildprägend sind Concept Stores, doch auch kleinere Läden wie L' Atelier Beau Travail (#25) und FrenchTrotters (#32) bieten exklusive Labels und viel Charakter. Für Le Marais sollte man sich einen ganzen Tag aufheben. In diesem reizvollen Stadtviertel sind mittelalterliche Architektur, Kunst, Mode und Nouvelle Cuisine eng miteinander verflochten. Ein Angebot an aufregenden Künstlerbüchern bieten die Galerien Yvon Lambert (*108 rue Vieille du Temple, Le Marais, 75003*) und Florence Loewry by artists (*9 rue de Thorigny, Le Marais, 75003*). Popelini (*29 rue Debelleyme, Enfants Rouges, 75003*) ist stolz auf seine unvergesslichen Choux à la crème, und das Beaucoup (*3 rue Froissard, Le Marais, 75003*) ist eine schicke Adresse für ein Abendessen in verspieltem Ambiente. Die Boulevards Saint Michel und Saint Germain sind berühmt für ihre traditionsreichen Cafés und Bistros und perfekt für authentische Pariser Gaumenfreuden. Niemand aber sollte zum Sklaven des Reiseführers werden – in Paris lassen sich einige der besten Entdeckungen dadurch machen, dass man sich einfach im Straßengewirr treiben lässt.

Hélène Georget
Grafikdesignerin

Als Druckgrafikerin arbeitet Hélène freiberuflich für Modelabels und Zeitungen. Sie lebt seit sechs Jahren in Paris und liebt diese Stadt!

L'Atelier Beau Travail 052

Ofr. 054

Alexandra Bruel
Künstlerin

Alexandra hat an der Pariser Gobelins, der Schule für visuelle Kommunikation, Grafikdesign studiert und arbeitet hauptsächlich mit Plastilin. Sie wird durch Handsome Frank vertreten und arbeitet für Kunden quer durch die Werbe- und Designbranche.

Christelle Ménage
Grafikdesignerin

Christelle ist Grafikdesignerin mit einer großen Liebe für Systeme, denn die sind für jedes Medium und Konzept anwendbar, im Printbereich, im Web, mit Holz oder Tonerde. Was für eine schöne Spielwiese! :)

Un Regard Moderne 055

Coco alias Forget Me Not
Grafikerin & Designerin

Absolventin der Kunsthochschule, die für mehrere Toplabels der Modewelt PR-Beraterin war. Coco ist viel im Asien und in den USA herumgereist, bevor sie 2004 Inoui mitgegründet hat.

THANX GOD I'M A V.I.P. 056

Comptoir de l'Image 058

Jean-Yves Lemoigne
Fotograf

Jean-Yves ist Werbefotograf und seine surrealistischen Bilder führen Standardkampagnen in eine andere Dimension. Er arbeitet mit Topagenturen wie W+K und BBH und Magazinen wie WAD und BKRW.

Carine Brancowitz
Illustratorin

Carine Brancowitz verbrachte ihre Kindheit in Frankreich und widmete ihre Zeit der Musik und der Malerei. Mit einfachen Zeichenwerkzeugen drückt sie Jugendängste zugleich puristisch und leidenschaftlich aus.

Hôtel Drouot 059

Diane Pernet
Modejournalistin

Diane gilt innerhalb der Modebranche als Visionärin und Pionierin. Sie ist die Gründerin des Filmfestivals ASVOFF und schreibt inzwischen den berühmten Blog www.ASVOF.com

French-Trotters
061

Tove Johansson
Designerin

Tove ist eine junge Schwedin, die seit acht Jahren in Paris lebt und arbeitet, und zwar in den Bereichen Mode, Interior Design und Grafikkunst für Textilien und Schreibwaren. Zur Zeit entwickelt sie ihre eigene Linie mit Schwerpunkt auf Druck und Farbe.

Studio L'Étiquette
Kreativ-Agentur

2012 von Alma de Ricou und Manon Engel gegründet, glaubt Studio L'Étiquette an die Macht von Bildern. Sie arbeiten in diversen Bereichen, von Mode bis zu Animation und Setdesign.

Ragtime
060

Guerrisol
062

Elise Darblay
Filmregisseurin

Als Ex-Anthropologin hat sie großes Interesse an „neuer Kultur". Zusammen mit ihrem Partner führt sie jetzt Regie in Dokumentarfilmen und Musikvideos und zieht in Paris zwei Kinder auf – bis zum nächsten Ortswechsel.

Marché Bastille
064

Antoine+Manuel
Grafikdesign-Duo

Antoine und Manuel begegneten sich 1984 in einer vorbereitenden Kunstschule und begannen unter „Antoine-Manuel" 1993 ihre Zusammenarbeit. 2009 fand eine Retrospektive ihrer Werke in Paris und Hong Kong statt.

Chic & Artistic
Kreativ-Agentur

Hinter Chic & Artistic stehen Corinne Black und Axel d'Harcourt. Sie arbeiten mit der anspruchsvollen Entertainment- und Kulturwelt zusammen. Fachlich decken sie das gesamte Spektrum von Grafikdesign bis Motion-Design ab.

Le Marché d'Aligre
063

Marché des Enfants Rouges
065

25 L'Atelier Beau Travail
Karte O, S. 111

Delphine Dunoyer, Céline Saby, Rachel Péloquin und Bonana van Mil sind die vier jungen Kreativen, die dieses kleine Paradies in der Rue de la Mare gestaltet haben. Samstags steht dieses Mini-Atelier dem schaulustigen Publikum offen: die Kollektion an buntem Modeschmuck, Haushaltswaren, Kunst und Kleidung wächst kontinuierlich an - einzigartig und alles handgemacht! Die engagierten Frauen fördern das Kunstschaffen junger aufstrebender Designer und Modemacher im Rahmen kuratierter Themenausstellungen. Die Seidenschals mit Printdesign sollte man auf jeden Fall als Souvenir erstehen!

🕐 14-19 Uhr (Sa)
🏠 67 rue de la Mare,
Belleville, 75020
📞 contact@beautravail.fr
🔗 www.beautravail.fr

„Ich bummle gerne durch die Straßen dieser Gegend. Es gibt jede Menge kleine Läden, eine unterirdische Bücherei und Märkte mit vielseitigen Angeboten."
– Hélène Georget

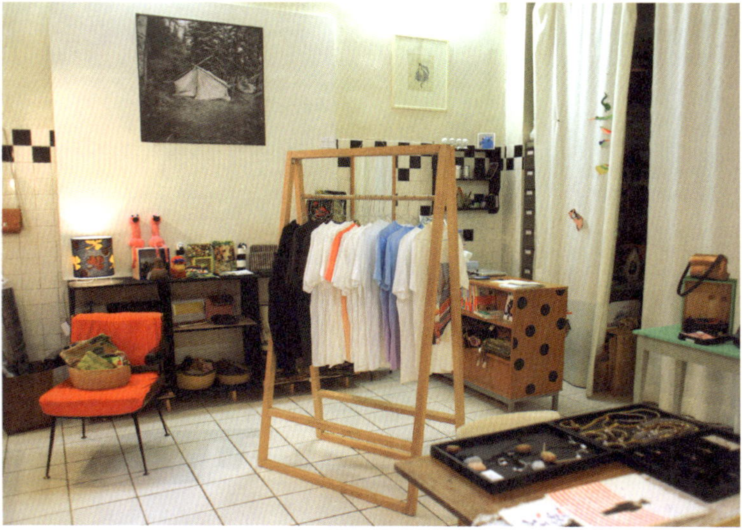

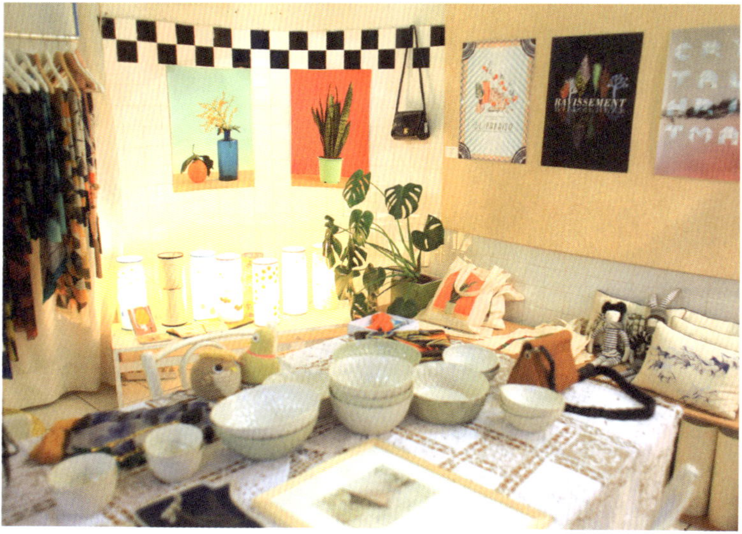
RAVISSEMENT

26 Ofr.

Karte G, S. 107

Künstler, Designer, Filmemacher, Verleger und Kunststudenten drängeln sich in diesem wunderschönen Kunstbuchladen, ganz erpicht darauf, rare Sondereditionen zu entdecken, von neuen Fotobildbänden über Kult-Modemagazine bis hin zu Lifestyle-Objekten. Seit 20 Jahren schaffen die Geschwister Alexandre und Marie Thumerelle ein stimulierendes Umfeld, indem sie aus dem Laden einen echt französischen Gemeinschaftsraum gemacht haben, in dem sich Stammkunden und Freunde inspirieren lassen. Im Hinterzimmer finden mindestens zweimal im Monat Wechselausstellungen statt.

🕐 10–20 Uhr (Mi–Sa), 14–19 Uhr (So)
🏠 20 rue Dupetit-Thouars, Le Marais, 75003 📞 +33 (0)1 4245 7288
URL www.ofrsystem.com

„Hier sollt man viel Zeit mitbringen. Das ist eine tolle Galerie und ein Buchladen mit absolut kreativer Aura."
– Alexandra Bruel

27 Un Regard Moderne
Karte E, S. 106

Bücherstapel noch und nöcher machen diesen urigen kleinen Laden aus. Hinter der Phalanx aus Gegenkulturarchiven, die eine reiche Sammlung an Ausgaben verschiedenster Independent-Verlage bergen (Surrealismus, Fetischismus, Erotika und Art Brut), ist kaum mehr ein Stück Wand zu erkennen. Nur drei bis vier Leute passen in den Laden, der auf eine Idee des Avantgardisten Jacques Noël zurückgeht. Hier sollte man ganz unvoreingenommen vorbeischauen und sich vom riesigen Angebot überraschen lassen!

🕐 14–19 Uhr (Mo–Sa)
🏠 10 rue Gît-le-Coeur, Monnaie, 75006 📞 +33 (0)1 4329 1393
URL www.unregardmoderne.com

‚Selbst wer nichts Spezielles sucht, wird hier garantiert fündig. Ein nettes Schwätzchen mit dem sehr belesenen Inhaber ist ein zusätzliches Plus.''

– Christelle Ménage

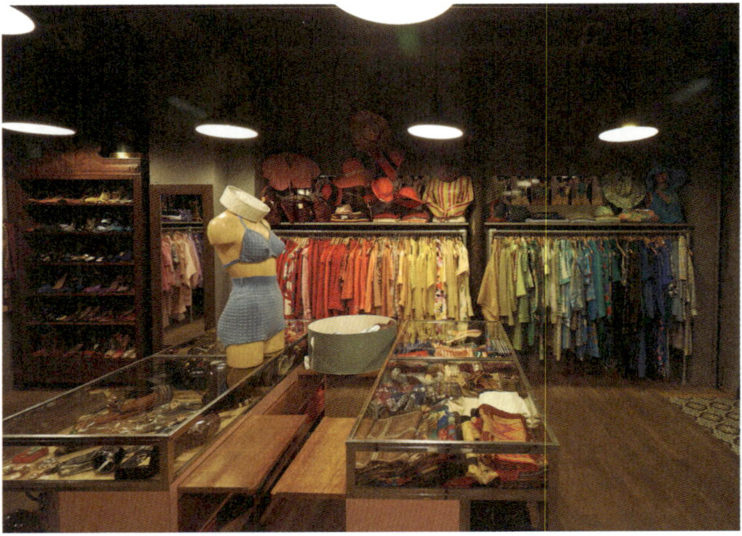

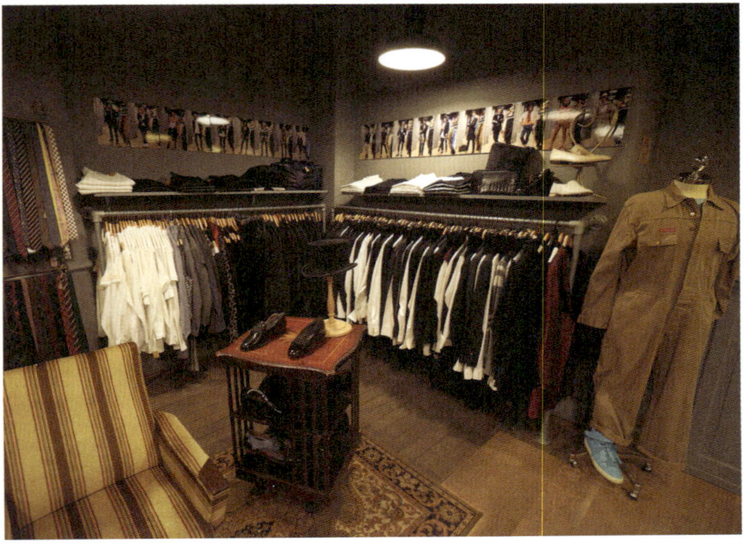

28 THANX GOD I´M A V.I.P

Karte D, S. 105

Schon das Schaufenster sagt alles. Farbenfroh gestaltet, wundersam detailreich, immer wieder anders und urwitzig, offenbart THANX GOD I´M A V.I.P. bereits seinen eigenwilligen Charakter, ehe man überhaupt den Laden betritt. Sein kostbares Vintage-Sortiment präsentiert sich kunterbunt: Sei es klassisch, lässig oder flippig, alle Stücke haben ihren eigenen Pep und sind durchweg stylish. Nach dem Motto „wenn Vintage auf Musik trifft" ist der Laden dank seiner großen Fangemeinde eine feste Institution mit seinem Angebot für Pariser Partynächte mit Musik- und Modefreunden. Also los, Outfit wählen und rauf auf die Tanzpiste!

🕐 14–20 Uhr (Mo–Sa)
🏠 12 rue de Lancry, 75010 📞 +33 (0)1 4203 0209 URL www.thanxgod.com 🖉 Im Sommer eventuell wegen Betriebsurlaub geschlossen

„Dieser Laden hat eine grandiose Vintage-Auswahl. Und im Souterrain gibt es tolle Schnäppchen!"

– Coco alias Forget Me Not

29 Comptoir de l'Image
Karte H, S. 108

Randvoll mit seltenen Publikationen zum
Thema Fotografie und alten Modemagazinen,
mit Büchern über Helmut Newton und Henri
Cartier-Bresson bis hin zu den Zeitschriften
The Face aus den 90ern und italienischen
Vogues aus den 80ern, ist Comptoir de l'Image
eine bevorzugte Fundgrube für Modedesigner
wie John Galliano und Marc Jacobs geworden.
Der Laden ist winzig, aber diese besonderen
Print-Preziosen bergen eine Vitalität in sich, an
die die Bilderflut im Internet nicht heranreicht.

🕐 11–18 Uhr (Mi–Sa)
🏠 44 rue Sévigné, Le Marais, 75003
📞 +33 (0)1 4272 0917

„Eine tolle Adresse für Buchliebhaber! Es ist ein
kleiner Laden mit ganz besonderen Raritäten.
Der Inhaber ist wirklich nett und hat ein großes
Modewissen."
– Jean-Yves Lemoigne

30 Hôtel Drouot (Auktionshaus)
Karte D, S. 104

Hôtel Drouot, das größte Auktionshaus in
Europa, vereint 100 Versteigerer unter seinem
Dach und veranstaltet jedes Jahr 3.000 Auk-
tionen in vier weiteren Dependancen und 21
Ausstellungshallen. Seit 1852 ist ein breites
Angebot an Kunst und Antiquitäten aus seinen
Räumen an Liebhaber wie auch Experten in alle
Welt gegangen. Wer sich mit Auktionen noch
nicht auskennt, nur keine Panik! Man stöbere
durch die museumsähnliche Halle und lasse
sich ganz unbeteiligt von erfahrenen Kunst-
und Antiquitätenhändlern inspirieren!

🕐 11–18 Uhr (Mo-Sa), – 21 Uhr (Do)
🏠 9 rue Drouot, Faubourg-
Montmartre, 75009
📞 +33 (0)1 4800 2020
URL www.drouot.com

*„Der beste Ort für die Jagd nach Antiquitäten,
Möbeln und Gemälden in Paris. Ein Streifzug
durch die oberen Räume lohnt sich."*

– Carine Brancowitz

31 Ragtime
Karte E, S. 106

Ragtime bietet wirklich alles außer Fetzen. Die Vintage-Boutique hat ein fantastisches Haute-Couture-Sortiment aus dem 20. Jahrhundert. Seltene Dior-Kleider, Balmain-Anzüge und Chanel-Taschen sind in absolut einwandfreiem Zustand. Die „Sammlung" wird von der Expertin Françoise Auguet betreut, die Preise – Kleider kosten um die 1000 € – sind gepfeffert. Trotz der hochbezifferten Preisetiketten könnte es sich lohnen, in ein formvollendetes Teil genialen Schneiderhandwerks zu investieren, selbst ohne Gelegenheit, es zu tragen!

🕑 14.30–19 Uhr (Mo–Sa)
🏠 23 rue Échaudé, Saint-Germain-des-Prés, 75006
📞 +33 (0)1 5624 0036

„Hier kann man sich die Stücke nach Maß umändern lassen. Achtung: der Laden hat nur nachmittags geöffnet und montags geschlossen."
– Diane Pernet

32 FrenchTrotters
Karte H, S. 109

Zwei ehemalige Fotografie-Studentinnen,
Carole und Clarent Dehlouz, packen ihr ganzes
Wissen über New York, Tokio und London in
diesen Concept Store. Das Ergebnis ist eine
kosmopolitische Oase mit exklusiven Labels
wie Acne, Opening Ceremony, Our Legacy und
American Vintage. Neben den internationalen
Marken haben sie ihre eigene Damen- und
Herrenkollektion entwickelt – Pariser Style
verschmilzt mit internationalen Einflüssen.
Der hier vorherrschende Chic prägt auch die
Ästhetik der Möbel, Düfte und Kunstobjekte –
das gesamte Angebot ist online erhältlich.

🕐 11.30–19.30 Uhr (Di–Sa)
🏠 30 rue de Charonne,
Roquette, 75011
📞 +33 (0)1 4700 8435
URL www.frenchtrotters.fr

„Schöne Boutique mit gutem Ladenkonzept;
feine Auswahl an Designern und Produkten,
eine Adresse, wo Fashion auf Lifestyle trifft."

– Tove Johansson

33 Guerrisol

Karte F, S. 106

Modebewusste Trendsetter und ältere Damen stöbern hier Seite an Seite in dem herrlich günstigen Secondhand-Laden. Guerrisol, der wohl beste Vintage-Store in Paris, bietet Kostbarkeiten in Hülle und Fülle – sofern man etwas Ausdauer investiert. Lederstiefel, Pelze, Trenchcoats und alte Levis, ab 3 bis 20 €, liegen kunterbunt verstreut herum und sind vielleicht eine kluge Alternative zu den teureren Läden im Marais. Wegen des kontinuierlich wechselnden Angebots zahlt es sich eventuell aus, so oft wie möglich vorbeizuschauen, um aus dem regelmäßigen Wareneingang das Beste abzusahnen.

🕐 10–19 Uhr (Mo–Sa)
🏠 17 bd. de Rochechouart, Rochechouart, 75009
📞 +33 (0)1 4463 9577
URL www.guerrisol.fr

„Ein echter Secondhand-Klamottenladen! Ohne Raumgliederung ist es ziemlich schwierig, sein Wunschteil zu finden, das Wühlen lohnt sich aber."
– Studio L'Étiquette

34 Le Marché d'Aligre
Karte H, S. 109

Als eine der ältesten Pariser Markthallen beherbergt dieser Genusstempel aus der Mitte des 19. Jahrhunderts belebte Verkaufsstände mit allem Möglichen, von frischem Obst und Gemüse bis zu Foie gras (Gänseleber) und Kaviar. Bei herrlich lautem Marktgeschrei und regem Kundenansturm ist der Marché d'Aligre nur so von Leben erfüllt. Viele Standbesitzer sind schon in der dritten und vierten Generation vertreten. Früh am Morgen lässt sich das Labyrinth unter der Woche mit ausreichend Bewegungsfreiheit erkunden.

 🕐 9–13, 16–19.30 Uhr (Di–Fr), 9–13, 15.30–19.30 Uhr (Sa), 9–13.30 Uhr (So)
🏠 Place d'Aligre, Jardin des Plantes, 75012
URL www.equipement.paris.fr/marche-couvert-beauvau-marche-d-aligre-5480

„Metzger Brunon hat immer tolle Sachen im Angebot, danach geht's auf einen Minztee ins Le Penty und in den R–Monaten zu frischen Austern im Baron Rouge."

– Elise Darblay

35 Marché Bastille

Karte H, S. 108

Zweimal die Woche wartet der Marché am Boulevard Richard-Lenoir mit einem reichen Angebot an Genussfreuden auf. Mit seinen unzähligen saisonfrischen Produkten ist der Freiluftmarkt ein wahres Schlaraffenland für Food-Enthusiasten. Neben Bergen von Obst und Gemüse werden französische Käsesorten, frischer Fisch und verschiedene scharfe Snacks von französischen, libanesischen, italienischen und indischen Köchen angeboten. Überdimensional und mit Preisen, die man sich leisten kann, ist der Markt eine Anlaufstelle für den kleinen Luxus. Samstags bietet er eine reiche Auswahl an Kunstobjekten, Kunsthandwerk, einzigartigem Schmuck und Klamotten zum Stöbern nach Lust und Laune!

🕐 7–14.30 Uhr (Do), –15 Uhr (So)
🏠 8 bd. Richard-Lenoir, Roquette, 75011
📞 +33 (0)1 4324 7439
URL www.equipement.paris.fr/marche-bastille-5477

„Eine fantastische Möglichkeit, französische Kulinarik und Menschen in Paris zu erleben. Wer früh aufsteht, umgeht die Menschenmassen."

– Antoine+Manuel

36 Marché des Enfants Rouges
Karte G, S. 107

Auf den gesamten 2.000 Quadratmetern dieses historischen Marktes sind Hunderte von Händlern vertreten, die eine beeindruckende Vielfalt an Frischwaren und internationaler Küche anbieten. 1628 gegründet und nach dem ehemals hier angesiedelten Waisenhaus benannt, wurde der Markt 2000 wiedereröffnet, nachdem Einheimische um sein Comeback gekämpft hatten. Von Dienstag bis Sonntag strömen die Pariser zu den Händlern mit ihrem reichhaltigen Angebot an Weinen, Käse, Fleisch und verschiedenen Brotsorten. Echte Gourmets sollten bei den berühmten Austernverkäufern dem Geschmack des Meeres frönen.

🕐 10–20 Uhr (Di–Do), 8–20.30 Uhr (Fr, Sa), 8.30–17 Uhr (So) ☎ +33 (0)1 4011 2040
🏠 39 rue de Bretagne, Le Marais, 75003

„Es gibt eine große Auswahl an Essensständen. Beim Japaner schmeckt's besonders gut."

– Chic & Artistic

Restaurants & Cafés

Authentisch französisch, Fusionsküche und kunstvolle Desserts

Baguettes, Croissants, Froschschenkel und Weinbergschnecken sind die Klassiker der französischen Küche. Aber die regionale Vielfalt und Vielschichtigkeit zu übersehen, würde bedeuten, etwas zu verpassen. Oft gehen internationale Einflüsse mit traditionellen Gerichten interessante neue Verbindungen ein, abgerundet mit echt pariserischem Flair. Die typischen Lokale an den Straßenecken stellt das jedoch keineswegs in den Schatten. Für ein authentisches Kulinarik-Erlebnis beginnt man seine Schlemmertour mit französischen Köstlichkeiten, angefangen mit einfachen, aber unvergesslichen casse-croûte (Sandwiches) und Käse im Le Bistrot des Halles (#41) oder Eintöpfen bei Chez Denise (#40) bis hin zu modernen Desserts und Feingebäck von Christophe Michalak (#45). Wer in den Genuss innovativer französischer Kochkunst kommen will, der kämpfe um einen Platz im Septime (#48) oder teste die hauchdünnen Crêpes mit Valrhona-Schokoladenfüllung im BREIZH Café (*100 rue Vieille du Temple, Le Marais, 75003*). Reisende sollten daran denken, dass es in der französischen Gastronomie meist keine durchgehend warme Küche gibt. Wer also auf Nummer sicher gehen will, sollte vor 13.30 Uhr zum Mittagessen eintreffen, um noch bedient zu werden. In jedem Fall ist es bei warmer Witterung recht angenehm und fast ebenso beeindruckend, in den öffentlichen Parks der Stadt zu picknicken. Man stelle sich dazu einen „Fresskorb" mit Obst und Backwaren der Topadressen zusammen, die unter „Zähl bis 10" genannt sind.

Marion Laurens
Art Director, Artworklove Studio

Marion ist Französin und Mitgründerin der PR- & Design-Agentur Artworklove. Ihre Leidenschaft gehört der Ausarbeitung origineller Ideen für Produktionskonzepte, Typografie und Digitalmedien.

Hôtel Edgar
070

Gioia Mia
071

Elise Morin
Künstlerin

Elise Morin ist eine Künstlerin und Designerin, die in Paris lebt und arbeitet. Sie macht ortsspezifische Kunstinstallationen, für die sie Alltagsgegenstände verwendet.

Le Bistrot des Halles
074

Amélie Falière
Illustratorin

Amélie ist gebürtige Burgunderin und vor neun Jahren nach Paris gekommen, um ihr Kunststudium fortzusetzen. Sie zeichnet für eine junge Leserschaft. Amélie wohnt mit ihrer Liebe und zwei Katzen im 15. Arrondissement.

Chez Denise
073

Jules Faure
Art Director & Fotograf

Jules hat bei Olivier de Serres Grafikdesign studiert und ist jetzt Art Director für Modemagazine. In Paris geboren und aufgewachsen, liebt er eine romantische Lebensart, Film noir, House-Musik und gutes Essen.

Café de l'Industrie
072

Sarah Andelman
Creative Director, colette

Zusammen mit ihrer Mutter, Colette Rousseaux, hatte Sarah 1997 *colette* eröffnet, 20 Jahre lang eine prestigeträchtige Begegnungsstätte für unkonventionelle Mode, Musik, Food und Design aus aller Welt.

Kunitoraya
075

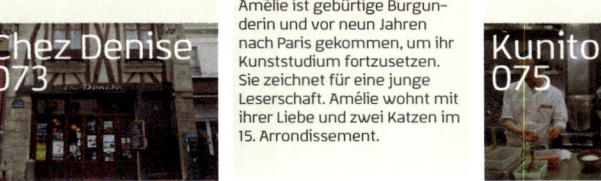

Jolie Cherie
Band

Jolie Cherie ist ein Elektropop-Trio, bestehend aus Etienne de Champfleury, Samir Alliche und Mélina Duval. Ihre Musik ist wie „menthe à l'eau" (mit Wasser verdünnter Pfefferminzsirup) – süß, erfrischend und eingängig.

Ruben Brulat
Fotograf

Seit 2008 fängt Ruben mit seiner Kamera die Schönheit ein, indem er Menschen in unberührter Natur sowie in nüchternen Pariser Bauten fotografiert. 2013 ist ein Buch von ihm erschienen: *Sharing Paths*.

Chez Nénesse
078

Pleix
Kreativ-Agentur

Pleix ist eine Community von Grafikdesignern, 3D-Künstlern und Musikern, die Digitalkompetenzen kombinieren, um so größere Freiheiten für diverse Projekte zu gewinnen. Es sind sieben Einzelunternehmer, alle mit Sitz in Paris.

David Charhon
Filmemacher

David ist Franzose. Seine ersten Arbeiten als Regisseur und Drehbuchautor waren Kurzfilme und Werbespots. Sein letzter Film mit Omar Sy und Laurent Lafitte erschien 2012 unter dem Titel *Ein Mordsteam*.

Le Petit Marché
076

Café Michalak
079

Jure Kotnik
Gründer v. Arhitektura Jure Kotnik

Mit Büros in Ljubljana und Paris, reicht die Arbeit von Jure Kotnik von Recherche bis Architekturdesign. Er publiziert auch Fachbücher und ist Dozent an der École Spéciale d'Architecture, Paris.

Derrière
081

The Imaginers
Kreativ-Agentur

Sie sind ein fantasievolles Imagineering-Team für Werbekampagnen und Ladendesign, in Europa, den USA und in Asien tätig. Die drei haben auch eine eigene Modemesse: MAN & WOMAN in Paris und NYC.

Kanako B. Koga
Fashion Director

Gebürtige Japanerin und in Paris wirkende Stylistin und Fashion Director für das niederländische *Code Magazine*. Kanako ist auch auf Fachmessen für Werbung und Mode zu finden und außerdem Mutter von zwei Kindern.

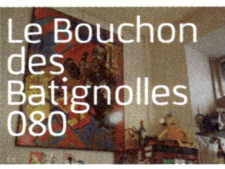

Le Bouchon des Batignolles
080

Septime
082

 **37** **Hôtel Edgar**
Karte D, S. 105

Im eigenwilligen Stadtviertel Sentier gelegen – gestern Textilfabrikantenviertel, heute Zentrum für Pariser Internet-Startups – beherbergt dieses Boutique-Hotel ein fantastisches Restaurant mit sonnenverwöhnter Terrasse und tollem Essen. Das Lokal hat überraschenderweise eine englischsprachige Speisekarte mit internationaler Note und vielerlei Seafood-Gerichten. Unter anderem darf man sich auf leckere Fish & Chips, panierte Calamares und Räucherhering freuen. Ein guter Start in den Tag beginnt mit einem Teller Bio-Eggs Benedict auf der Terrasse oder bei einem Mittagsplausch mit Freunden bei Roumégous-Austern und Bordier-Butter.

🕐 11.30–15 Uhr (tägl.), 19.30–23 Uhr (Mi–Sa)
🏠 31 rue d'Alexandrie, Bonne-Nouvelle, 75002
📞 +33 (0)1 4041 0569 URL www.edgarparis.com

„Ein großartiges Hotel mit einem erstaunlichen Restaurant inmitten von Paris. Zimmer Nr. 12, das ist meins – einfach nachfragen!"
– Marion Laurens, Artworklove Studio

 38 Gioia Mia
Karte D, S. 104

Gioia Mia, ein kleines Stück Italien im Herzen
von Paris, vertritt die feine süditalienische
Küche Apuliens. Authentischer geht's nicht,
ohne jedoch zu pedantisch zu sein. Denn der
französisch-italienische Küchenchef und
Gründer, Arnaud Gioia, setzt alles daran, mit
Frohsinn und Humor die apulische Definition
von gutem Essen und gutem Service hochzu-
halten. Bei herrlichen Vibes und in bezaubern-
dem Ambiente lässt sich die einfache, aber
raffinierte Speisekarte so richtig genießen. Die
köstliche Burrata ist herrlich sahnig. Wer sie
nicht probiert, wird es bereuen!

🕐 12–14.30, 19.30–22 Uhr (Mo–Fr)
🏠 61 rue de Provence, 75009
📞 +33 (0)1 4526 6130

*„Unbedingt die Burrata probieren oder Arnauds
Empfehlungen folgen. Ich gehe jede Woche hin!
Vielleicht bis bald, auf ein Glas Prosecco!"*

– Elise Morin

39 **Café de l'Industrie**
Karte H, S. 108

In diesem kleinen Stammlokal, einem Anzie-
hungspunkt für einheimische Künstler und
Kreative, wird es immer schnell voll. Mit alten
Masken, exotischen Gemälden und französischen Kolonialschätzen ausgeschmückt,
ist dieses Ein-Raum-Café herrlich skurril und
lässig, ähnlich einer gemütlichen Stadtviertel-
kantine. Die kleine Speisekarte hält landes-
typische Kost zu günstigen Preisen bereit.
Probieren Sie gebratenes Fleisch, steak tartare,
Entenconfit und vielleicht noch ein teuflisch
gutes Fondant au Chocolat. Von früh bis spät
sind hier Gäste zum Morgenkaffee wie auch
zum Late-Night-Cocktail herzlich willkommen.

🕐 *9–2 Uhr (tägl.)*
🏠 *16 rue Saint-Sabin,*
Roquette, 75011
📞 *+33 (0)1 4700 1353*
URL *www.cafedelindustrieparis.fr*

*„Die Tagesgerichte schmecken immer lecker,
also öfter mal reinschauen!"*

– Jules Faure

 **40 Chez Denise**
Karte E, S. 106

Wochentags immer bis 5 Uhr früh geöffnet, empfängt dieses pulsierende Restaurant praktisch zur jeder Zeit seine Gäste. Es liegt mitten im alten Metzgerviertel. Das klassische Bistro – herrlich zwanglos und leger – serviert große Portionen. Die Speisekarte ist auch heute noch in „Louchébem" geschrieben, einem alten Metzger-Slang aus den 1950er-Jahren. Chez Denise bietet immer ein Tagesspecial an, hauptsächlich hat es sich aber mit saftigen Fleischgerichten einen Namen gemacht – Kalbsnierchen in Senfsoße, Flanksteak, Rindfleischeintopf und das zarte Charolais-Roastbeef sind legendär. Zu allem schmeckt am besten der Hauswein Brouilly.

🕐 12–15, 19.30–5 Uhr (Mo–Fr)
🏠 5 rue des Prouvaires, Les Halles, 75001
☎ +33 (0)1 4236 2182

„Wer ‚Baba au rhum' bestellt, sollte sich nicht wundern, dass der Kuchen mit einer ganzen Flasche Rum daherkommt. Hier ist man großzügig!"

– Jolie Cherie

41 Le Bistrot des Halles
Karte E, S. 106

Mit seinem authentischen Pariser Café-Look, könnte einem das Bistrot des Halles leicht entgehen. Dieses charismatische Bistro hat jedoch aus gutem Grund die große Metamorphose von Les Halles überlebt. 1999 von Jean-Pierre und Isabelle Breud übernommen, lässt das Café den Glanz des alten Marktplatzes mit unprätentiöser Traditionskost wieder aufleben. Die Küche bietet casse-croûte (französische Sandwiches), hausgemachte Leckerbissen und ausgezeichnete Käse- und Wurstplatten sowie Entenconfit und steak tartare. Ob an einem Tisch auf der Terrasse oder drinnen, in diesem Lokal kann man überall wunderbar entspannt genießen. Unbedingt die Weine probieren!

🕐 7–22 Uhr (Mo–Fr), 9–22.30 Uhr (Sa)
🏠 15 rue des Halles, Les Halles, 75001
📞 +33 (0)1 4236 9169

„Hier bitte nie ein Sandwich bestellen. Das heißt hier nämlich casse-croûte, typisch französisch eben! Nichts für eilige Leute, der Service ist langsam."
– Amélie Falière

 42 Kunitoraya
Karte D, S. 104

Seit es in der Rue Sainte-Anne in Erscheinung getreten ist – hier gibt es japanische Lokale zuhauf – stellt Kunitoraya No. 2 köstliche Udon-Nudeln her, die den Mund wässrig machen. Den Teig bereitet der Inhaber Masafumi Nomoto höchstpersönlich zu. Neben der Udon-Karte gibt es hier original Onigiri (Reisbällchen), viele weitere Reisgerichte und Bentō-Lunchboxen und am Abend außerdem üppige Fusion-Vorspeisen, Gegrilltes und Frittiertes. Der Eckladen ist, anders als das klassisch französische Erstlokal, ein peppiges Nudelhaus mit großen Tischen und offener Küche.

🕐 12.15–14.30, 19.30–22.30 Uhr (Di–Sa),
12.15–14.30 Uhr (So)
🏠 1 & 5 rue Villedo, Palais-Royal, 75001
📞 +33 (0)1 4703 0774
URL www.kunitoraya.com

„Es war eine herrlich alte französische Brasserie, bevor es in ein japanisches Restaurant umgewandelt wurde. Onigiri sind hier der Hit."

– Sarah Andelman, colette

43 Le Petit Marché
Karte H, S. 108

Unweit der Place des Vosges (#1) bietet Le Petit Marché eine Fusion-Karte mit asiatischem Einschlag an. Kerzen, Spiegelwände und Holztische verströmen nostalgisches Flair, jedoch steht das cleane, moderne Angebot an scharf angebratenem Thunfisch und chinesischem Salat für einen zukunftsweisenden Trend. Als leichtes Mittagsgericht ist ein vegetarisches Risotto mit Basilikum, Koriander, Sahne und grünen Bohnen eine gute Wahl oder auch das herzhafte Schweinefilet mit Sichuan-Gewürzen und karamellisierten Äpfeln. Beim Abendessen wird's dann etwas teurer.

🕐 12–15, 19–2 Uhr (Mo–Fr),
12–16, 19–2 Uhr (Sa–So)
🏠 9 rue de Béarn, Le Marais, 75003
📞 +33 (0)1 4272 0667
URL www.lepetitmarche.eu

„Ein Genuss in gemütlicher Atmosphäre bei Fusion Food mit Aromen von hier und anderswo. Einfach mal anders gut."

– Ruben Brulat

44 Chez Nénesse
Karte G, S. 107

Chez Nénesse ist ein unscheinbares Lokal in einer Nebenstraße im Le Marais-Viertel. Hinter anheimelnden Spitzenvorhängen verbirgt sich Retro-Dekor. Die Neukreationen des Chefkochs Roger Leplu stehen konsequent im Zeichen seiner Michelin-Sterne-Kochkunst. In der Mitte befindet sich ein Holzofen, auf dem Weinberg-schnecken, Pilze und deftige Zwiebelsuppe in großen Mengen vor sich hin schmoren. Der vorherige, ungeniert altmodische Inhaber wurde durch eine Familie aus der Region Le Sart abgelöst, aber der echten Pariser Gastronomie wird hier nach wie vor Rechnung getragen.

🕐 *12–14.30, 20–22.15 Uhr (Mo–Fr)*
🏠 *17 rue de Saintonge, Le Marais, 75003*
📞 *+33 (0)1 4278 4649*

„Meine Favoriten sind ‚Bœuf à la ficelle' (zartes Rindfleisch), ihre berühmten Pommes und als Dessert – ‚Mille Feuilles (Napoleon)'!"
– Pleix

45 Café Michalak
Karte D, S. 105

Als renommierter Konditormeister und
zeitgemäßer Willy Wonka hat Christophe
Michalak eine Konditorenschule und einen
Takeaway-Shop gegründet, wo Kindheitsfanta-
sien wieder aufleben. Mit über 3.000 Rezepten
zaubert der Kuchen-König seine Naschereien
jeden Morgen frisch zum Verkauf am gleichen
Tag. Erfindungen wie die K7-Videokassette aus
Schokolade (mit Schokozerealien, Haselnuss-
und Erdnusskrokant gefüllt) machen den
Mund wässrig. Man hole sich ein Kosmik mit
Fleur-de-Sel-Haselnussschokolade zum
Genuss im Freien am Square Montholon!

🕐 11–20 Uhr (Mo–Sa)
🏠 60 rue du Faubourg Poissonnière,
Porte Saint-Denis, 75010
📞 +33 (0)1 4246 1045
URL www.christophemichalak.com

„*Spitzengeschmack ist unsere gemeinsame Leidenschaft! Das wird einem klar, wenn das klassische
‚Paris-Brest' zum ‚Paris-Montaigne' wird.*"

– David Charhon

46 Le Bouchon des Batignolles
Karte F, S. 106

Mitten in Batignolles, ein paar Schritte von der Place de Clichy entfernt, serviert das BB mediterrane Tapas und Weine in einer eleganten, intimen Atmosphäre. Ein Frühstücksbuffet mit frischem Brot, korsischem Honig, Marmeladen und Nutella wird den Heißhunger auf Süßes stillen, der einen morgens überfällt, für einen geruhsameren Sonntagsbrunch hingegen gibt es auch eine klassische Auswahl an Mini-Feingebäck, Käse, Quiche des Tages und frischen Obstsaft. Etwas gehaltvoller wird's dann mit frischem Kabeljau, Aïoli und Kartoffelpüree, gefolgt von einer feinen Panna Cotta.

🕐 19–2 Uhr (Mo–Sa), 12–16 Uhr (So)
🏠 2 rue Lemercier–14 rue des Dames, Batignolles, 75017
📞 +33 (0)1 4293 5869
URL www.paris17.lebb.fr

„*Wem es schwerfällt, nur ein Hauptgericht zu wählen, der ist hier genau richtig.*"
– Jure Kotnik, Arhitektura Jure Kotnik

47 Derrière
Karte D, S. 105

Dieses „Apartment"-Lokal gibt mit Sicherheit ein sehr unkonventionelles Restaurantumfeld ab; Gäste können nach Belieben in der Lounge, im Esszimmer, im Vorführraum oder im Schlafzimmer speisen. Um der exzentrischen Atmosphäre entgegenzuwirken, kredenzt der Küchenchef Lionel Delage klassische französische Küche mit herzhaften Gerichten wie Bœf bourguignon und cremiger Foie-gras-Terrine sowie leichte Salate. Am Rand des Marais-Viertels zwischen Restaurant 404 und Andy Wahloo (#55), beide unter Leitung von Mourad Mazouz, Inhaber von Sketch und Momo in London, fühlt man sich hier wie zu Hause – kein Türschild!

🕐 12–14.30, 20–1 Uhr (Mo–Sa), 12–16, 20–23 Uhr (So)
🏠 69 rue des Gravilliers, Arts-et-Métiers, 75003
📞 +33 (0)1 4461 9195
URL *www.derriere-resto.com*

„Im Parterre gibt es ein Geheimzimmer, das man durch einen Spiegel hindurch betritt."
– The Imaginers

48 Septime
Karte H, S. 109

Mit 27 war der Küchenchef und Eigentümer Bertrand Grébaut der jüngste französische Koch, der mit einem Michelin-Stern ausgezeichnet wurde. Heute bringt er puristische Küche ins Septime. Zusammen mit seinem Partner Théo Pourriat bietet er saisonfrische Gerichte mit hochwertigen Zutaten an, inspiriert von seinen Asienreisen und seiner umfangreichen Erfahrung unter Kochlegende Alain Passard. Optisch ansprechende Kreationen wie Milchkalbfleisch mit Forellenkaviar oder Eis aus Frischkäse auf Kürbispüree zeichnen Septimes klare Linie aus, die auf frische, ehrliche Aromen setzt.

🕐 19.30–22 Uhr (Mo), 12.15–14 Uhr,
19.30–22 Uhr (Di–Fr)
🏠 80 rue de Charonne, Roquette,
75011 📞 +33 (0)1 43 67 38 29
URL www.septime-charonne.fr

„Ich liebe Ricotta mit Sardellen und gegrilltem Buchweizensamen genauso wie die lässige Atmosphäre hier. Und es ist preiswert!"

– Kanako B. Koga

Nachtleben

Kostüm-Nächte, angesagte Clubs, Theater und Jazz

Schluss mit all den Vorurteilen! Von wegen steife Szene, die von Schickimicki-Publikum dominiert wird ... in Wahrheit ist das Pariser Nachtleben absolut demokratisch. Von provisorischen Party-Hangars bis hin zu luxuriösen Members-only-Clubs ist für jeden Geschmack und jedes Portemonnaie mehr als ausreichend geboten. Jedes Viertel hat sein einzigartiges Flair, man sollte also nicht auf eine bestimmte Zone fixiert bleiben, sonst könnte man etwas verpassen. Le Marais hat etwas Befreiendes, denn hier sind die beliebtesten Schwulen- und Lesben-Bars von Paris zu finden; Bastille ist ein Hotspot für pulsierende Latin-Clubs, während Oberkampf-Ménilmontant mit unzähligen trendigen Bars der Hipster-Szenetreff ist. Zur Einstimmung bietet sich ein Sundowner auf der großen Holzterrasse im Wanderlust in Les Dock (#3) an, während im Hintergrund Techno- und House-Klänge wummern. Le Crazy Horse Paris (*12 av. George V., Champs-Élysées, 75008*) bietet ein authentisches Cabaret-Erlebnis mit provokanten Shows, wo schon Dita Von Teese und Pamela Anderson zu Gast waren. Oder man zieht einfach los ins La Bellevilloise (*19–21 rue Boyer, Belleville, 75020*), einen Club mit Konzerthalle, um eine intensive Kunst- und Kulturnacht zu erleben! Hier finden regelmäßig Musikfestivals und Ausstellungen statt und das Restaurant eignet sich bestens für ein chilliges Abendessen. Partygänger aufgepasst! Ab ca. 20 Uhr bilden sich Warteschlangen. Auch sollte man sich vorher über den Dresscode informieren, um sich unnötigen Ärger zu ersparen!

Rosa Bonheur, S. 093

Renaud Duc
Modedesigner

Gründer der Marke Midnight Rendez-vous, DJ und Eventmanager. Renaud lebt nun schon seit elf Jahren in Paris und hat die Schnauze voll von der Metro … wie ein echter Pariser eben.

House of Moda Party
088

Parc de la Villette
090

Fabienne Rivory
Designerin & Fotografin

Momentan erforscht Fabienne im Rahmen des ‚Labokoff'-Projekts das Zusammenspiel von Fotografie und Malerei, Wirklichkeit und Fantasie, Erinnerungen und Realität.

Stéphane Massa-Bidal
Art Director

Stéphane ist Haarikone, Art Director, Koch, Frenchie, Papa, schlauer Kopf, Kurator und Mitinhaber von Les Contrepétographes. Seine Arbeit besteht aus einem Zusammenspiel von Bildern und Text.

MAMA Shelter
091

David Porchy
Künstler

David liebt Bilder, sammelt sie und arbeitet mit ihnen. Seine Zeichnungen und Fotografien fangen die Fremdartigkeit unserer Welt ein und was als ‚the real and its doubles' (das Wirkliche und seine Doppelgänger) bezeichnet werden sollte.

Le Trianon
092

Rosa Bonheur
093

Violaine & Jérémy
Art Directors & Illustratoren

Violaine und Jérémy lieben einander und Paris ebenso. Die beiden pflegen eine typisch französische Lebensart: alles dreht sich um gutes Essen, guten Wein und guten Käse (Pardon wegen des Klischees!). Außerdem sind sie viel auf Reisen.

Isabelle Chapuis
Fotografin

Isabelle Chapuis ist eine in Paris lebende Fotografin. In ihrer Arbeit verbindet sie Kunst mit Mode. Sie liebt kreative Bewegungen in Frankreich und im Ausland. Deshalb bereist sie andere Länder.

New Morning
094

Flaminia Saccucci
Modedesignerin

Flaminia ist aus Rom und Absolventin des Central Saint Martins (College of Art and Design), London mit Karrierestart bei Givenchy, Paris. Als Freelancerin pendelt sie jetzt immer zwischen Italien und Paris.

Carmen
096

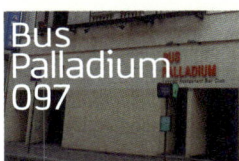

Karine + Oliver
Fotografen-Duo

Karine Welter und Oliver Rust sind nach eigenem Bekunden zwei verrückte, leidenschaftliche Fotografen, die zwischen Paris und Zürich leben.

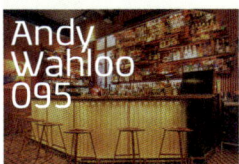

Andy Wahloo
095

Violaine d'Harcourt
Produkt- & Möbeldesignerin

Eine Designerin, die ihre Berufserfahrung im Ausland in ihre Zeichnungen und Arbeiten einfließen lässt, um ihnen echtes Leben einzuhauchen. D'Harcourt hat in Paris und Mailand studiert und ihr Studium mit einem Master in Industriedesign abgeschlossen.

Bus Palladium
097

Wanja Ledowski
Grafikdesigner & Typograf

In Deutschland geborener Grafikdesigner und Typografie-Lehrer, der in Paris lebt und arbeitet. Nach Kooperationen mit verschiedenen Designbüros, gründete er 2009 das Wanja Ledowski-Studio.

Le Non_Jazz
100

Mehdi Hercberg
Künstler

Die Arbeit von Mehdi Hercberg konzentriert sich auf Monster und Kreaturen, die strange, poppig, aber auch süß sind. Ebenfalls unter dem Namen Shoboshobo bekannt, hat er eine starke Bindung zu Japan, das er, so oft er kann, besucht.

Alexandre Plicque-Gurlitt, *Art Director*

Alexandre ist Art Director und arbeitet derzeit an verschiedensten Print-New-Media-Projekten, dazu gehört auch die Produktion von Werbekampagnen, Videos, Websites, Logos und Markenauftritten.

Le Comptoir Général
098

Silencio
101

49 **House of Moda–Party**
Karte G, S. 107

Sonderlinge, Freaks und Außenseiter flüchten auf diese rauschende Partynacht, eine der legendärsten in Paris überhaupt. Zu thematischen Events wie „Pharaohs" und „Lost in Space" beherrschen Subkultur-Interpreten und DJs aus aller Welt die Bühne und leben mit ihren Gigs ihre innere Diva aus. Glitzer, aufwendige Kostüme und schwere Bässe schaffen eine wilde Atmosphäre voller Ausgelassenheit und Spaß ohne Grenzen. Der Blog hält Moda–Party-Fans stets zu Themennächten und künftigen Stars auf dem Laufenden.

🕐 💶 *Showtime & Eintrittspreis je nach Event*
🏠 *Reguläre Bühne: La Java, 105 rue du Faubourg du Temple, La Folie-Méricourt, 75010*
☎ *houseofmodaparis@gmail.com*
URL *www.houseofmoda.tumblr.com*

„Eindeutig die beste Party in Paris, nicht nur weil ich sie organisiere, sondern weil alle Nachtgeschöpfe zum Feiern hierher kommen! … Outfit erwünscht!"
– Renaud Duc

50 Parc de la Villette
Karte K, S. 110

Der 55 Hektar große Parc de la Villette befindet sich auf einem ehemaligen Schlachthofgelände. Als Gewinner eines internationalen Wettbewerbs entwarf Architekt Bernard Tschumi 1982 zunächst den Park und wirkte danach maßgeblich beim Entwurf eines facettenreichen Zauberlands voller Spielwiesen, Kulturräume und Bühnen mit. Der Streifzug beginnt am Canal de l'Ourcq und führt zu den größten Bauten wie der Cité des Sciences et de l'Industrie und das Kino La Géode. Von Mitte Juli bis Mitte August findet hier das Open Air Filmfestival statt.

🕐 💶 *6–1 Uhr, Showtime & Eintrittspreis je nach Programm*
🏠 *211 av. Jean Jaurès, Pont-de-Flandre, 75019*
📞 *+33 (0)1 4003 7575*
URL *www.lavillette.com*

„Es ist der größte städtische Kulturpark in Paris. Mit Kindern sollte man tagsüber das nahe gelegene Wissenschaftsmuseum besuchen."
– Fabienne Rivory, Labokoff

 51 **MAMA Shelter**
Karte Q, S. 111

Mehr als nur Zimmer und Gastronomie: MAMA
Shelter ist ein echter urbaner Szenetreff.
Philippe Starck hat das einstige Dorf Charonne
in ein hippes Ausgehviertel für Pariser und
Touristen verwandelt. Unter den niedrigen
Kreidetafel-Plafonds wimmelt es in der
lässigen Lounge- und Cocktailbar nur so
von Leuten, die bei Livemusik authentische
französische Regionalküche und das Angebot
einer umfangreichen Weinkarte genießen.
Auf der Dachterrasse kann man bei einem
lauen Lüftchen so richtig schön abhängen; der
Sonntagsbrunch ist besonders beliebt.

🕐 8–10.30, 12–14.30, 20–23.30 Uhr (tägl.); Bar: 12.30–
1.30 Uhr (tägl.); Dachterrasse im Winter geschl.
🏠 109 rue de Bagnolet, 75020
📞 +33 (0)1 4348 4848
URL *www.mamashelter.com*

Herrliches Design, und der Sonntagsbrunch im Inhouse-
Hotel war cool! Das witzige Interieur wurde von Philippe
Starck gestaltet. Das Ganze hat ein loungiges Ambiente.
Auch die Musik ist spitze – mit Live-DJ." – Stéphane Massa-Bidal

52 Le Trianon
Karte F, S. 106

In seinen Anfängen 1894 ein „café-concert",
ab 1902 Theater und Konzerthaus und ab 1939
schließlich ein Kino, ist Le Trianon 2010 als
komplette Symbiose seiner weitreichenden
Historie neu erstanden. Mit 1.500 Plätzen hat
das gefeierte Konzerthaus Klassikkonzerte
ausgerichtet und internationale Musiker auf
die Bühne geholt wie etwa M.I.A., Goldfrapp und
Deep Purple. Das angrenzende Café Le Petit
Trianon, ein langjähriger Künstlertreff aus dem
frühen 20. Jahrhundert, serviert u. a. feinsten
Pariser Lachsschinken mit Gourmet-Senf
(täglich 10 Uhr bis Mitternacht).

🕐 *30 Min. vor Showbeginn*
🏠 *80 bd. Rochechouart, Clignan-*
court, 75018 📞 *+33 (0)1 4492 7800*
URL *www.letrianon.fr*

„*Dieses alte Theater mit Tanzsaal ist sicher die
schönste Konzertbühne in Paris. Le Petit Trianon
nebenan eignet sich zum Essen und Ausgehen.*"
– David Porchy

53 Rosa Bonheur

Karte K, S. 110

Das idyllische Café mit Holzbänken und Plastikgartenstühlen liegt mitten im Buttes-Chaumont-Park. Unter der Leitung von Michelle Cassaro, der Ex-Managerin des kultigen Lesbenclubs Pulp, ist Rosa Bonheur ein ebenso vielfältiges Gender-Nest. Hier wird rustikales Essen zu wunderbar günstigem Wein aufgetischt. Übersetzt heißt das Lokal „rosarotes Glück", eigentlich ist es aber nach der gleichnamigen feministischen Malerin und Bildhauerin benannt. In dieser Zufluchtsoase für hippe Familien, Studenten und Künstler kommt das Publikum bei saisonfrischen Tapas und einem Glas pinkem Roséwein schnell in Kontakt.

🕐 12–24 Uhr (Mi–Fr), 10– (Sa, So)
🏠 Parc des Buttes-Chaumont (#9)
📞 +33 (0)1 4200 0045 URL www.rosabonheur.fr
🔗 Eingang 7 rue Botzaris, wenn der Park geschlossen ist

„Ein Guinguette-Tanzlokal im Buttes-Chaumont-Park. Bei guter Witterung ist hier abends jede Menge los. Es wird getanzt und fröhlich gezecht."

– Violaine & Jérémy

54 **New Morning**
Karte D, S. 105

Die Liste all der Musiker, die hier auf der Bühne
standen, gleicht dem Resümee der Geschichte
des Jazz, Folk und Blues. Seit 1981 haben Talente
wie Dizzy Gillespie, Chet Baker, Miles Davis
und Pat Metheny zu der erstaunlichen Historie
dieser Spielstätte beigetragen – eine erste
Adresse für Avantgarde- und Weltmusikfans
mit ausgezeichneter Akkustik. Im New Morning (bei Grands Boulevards ums Eck) waren
u. a. schon Prince und Spike Lee zu Gast. Am
besten eine Stunde vor dem Konzert (Beginn
21 Uhr) eintreffen – auf einen Drink!

🕐 20.30–24 Uhr (tägl.)
🏠 7–9 rue des Petites Ecuries,
Porte Saint-Denis, 75010
☎ +33 (0)1 4523 5141
URL www.newmorning.com

„Hier wird Pariser Jazzgeschichte geschrieben.
Der Club ist klein, also wirklich persönlich.
Da berühmte Musiker auftreten, besser
Tickets vorab buchen!"

– Isabelle Chapuis

55 Andy Wahloo
Karte D, S. 105

Die Leuchtreklamen, warme Farben und das Schachbrettparkett in Kombination mit Popart und nordafrikanischen Elementen lässt den für diese Location typischen Kneipenspaß bereits vorausahnen. In einem Gastronomie-Innenhof versteckt, wo alle Restaurants dem gefeierten Mourad Mazouz gehören, überrascht es nicht, im Andy Wahloo eine breite Vielfalt an Drinks und Cocktails zu finden. Die Tanzfläche mag zwar klein sein, jedoch verstehen die Live-DJs ihr Metier und legen genau die richtige Musik auf, die für Stimmung sorgt.

🕐 18–2 Uhr (Di–Sa)
🏠 69 rue des Gravilliers, 75003
☎ +33 (0)1 4271 2038
URL www.andywahloo-bar.com

„*Vor oder nach einem Drink im Andy Wahloo bietet sich ein Essen im Restaurant Derrière (#47) im gleichen Innenhof an.*"

– Flaminia Saccucci

56 **Le Carmen**
Karte F, S. 106

Mit seinen luxuriösen Renaissance-Möbeln, hohen Decken und pompös-dekadentem Dekor ist dieses denkmalgeschützte Gebäude zu einem ungewöhnlichem Zufluchtsort für Hipster und Kreative geworden. Erbaut 1875, dem Jahr, in dem Bizet seine berühmte Oper schrieb, ist die grandiose Bar-Residenz gleich südlich von Pigalle heute ein pulsierender Musik-Hotspot. Geboten werden DJ-Nights, Violinkonzerte, High-Fashion-Partys und viele andere künstlerische Darbietungen. Im Erdgeschoss befindet sich der Barbereich mit vielen Separees und sogar einem „goldenen Käfig" mit kreativen Drinks.

🕐 *18–6 Uhr (Di–Sa)*
🏠 *34 rue Duperré,*
Saint-Georges, 75009
📞 *+33 (0)1 4526 5000*
URL *www.le-carmen.fr*

„*Die Cocktails sind spitze und der Barkeeper mixt auch individuelle Drinks je nach Wunsch. Hier trifft man garantiert auf extravagante Leute!*"
– Violaine d'Harcourt

57 **Le Bus Palladium**

Karte F, S. 106

Das Bus Palladium, eine Pariser Legende in der
Rock-Szene, hat schon kurz nach seiner Eröff-
nung Gäste wie Salvador Dalí begrüßen dürfen.
Mick Jagger feierte dort seinen Geburtstag
und die Beatles gaben sich die Ehre und
festigten ihren Status. In den fünfzig Jahren
seines Bestehens hat es seinen punkigen Re-
tro-Style beibehalten und garantiert eine tolle
durchtanzte Nacht in energiegeladener Gesellschaft. Frische Luft oder eine solide Grundlage
gefällig, bevor es wieder auf die Piste geht? Auf
Küchenchef Stéfan Laugénie ist stets Verlass.
Essen gibt's oben!

🕐 20–2 Uhr (Di–Do), –5.30 Uhr (Fr–Sa)
🏠 6 rue Fontaine, Pigalle, 75009
📞 +33 (0)1 4526 8035
URL *www.buspalladium.com*

„Einer der ältesten Clubs in Paris.
Coole Atmosphäre!"

– Karine + Oliver

 58 **Le Comptoir Général**
Karte G, S. 107

Als selbstgestyltes „Getto–Museum" hat es sich
Le Comptoir Général auf 600 Quadratmetern
und zwei Etagen zur Aufgabe gemacht, die
Kreativität der marginalen Kulturen Afrikas
zu zeigen. Es gibt eine Bar, ein Treibhaus, eine
Kantine und Verkaufsstände, gemeinnützige
Filmvorführungen, Ausstellungen und Konzerte – meist rund um Musik, Sport, Religion
und Politik, und zwar alles in einem alten
Hotelgebäude in einer Nebenstraße des Quai
des Jemmapes (Zugang über Innenhof). Ab ca.
20 Uhr heißt es Anstehen.

🕐 *18–1 Uhr (Mo, Mi), –2 Uhr (Do),*
16–2 Uhr (Fr), 14–2 Uhr (Sa, So)
🏠 *80 quai de Jemmapes,*
Porte Saint-Martin, 75010
📞 *+33 (0)1 4488 2448*
URL *www.lecomptoirgeneral.com*

 *„Schwierig, es überhaupt zu finden ... am besten*
mit Bananenbier anfangen, dann einen Blick in das
Kuriositätenkabinett werfen (Cabinet de sorcellerie)!"
– Wanja Ledowski, Wanja Ledowski-Studio

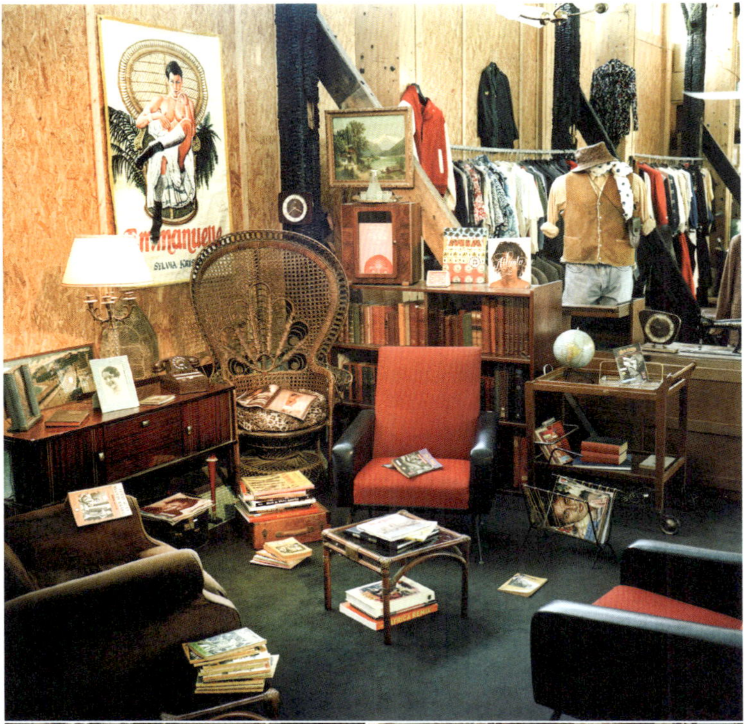
Emmanuelle
SYLVIA KRIS
AFRICA REMIX

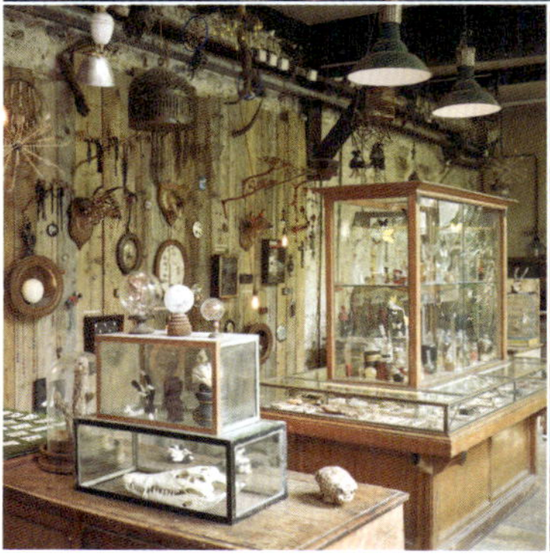

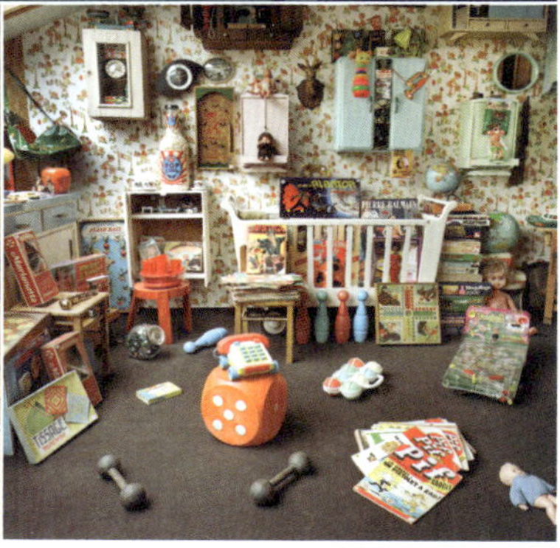

Le Non_Jazz

Das Le Non_Jazz öffnet ein Fenster zur alternativen Subkultur, die das Pariser Streetlife untergräbt. Die Aktivisten bieten die experimentellste Musiknacht der Stadt. In exzentrischer und ungenierter Do-it-yourself-Manier zieht die „Sound-Night" jeden Monat durch verschiedene Milieus, ist Gastgeber für Improvisatoren und impulsive Instrumentalmusiker, die klangliche Grenzen sprengen. Le Non_Jazz hat über In-Treffs bereits Spuren hinterlassen, wie etwa in der ehemaligen Brauerei Les Instants Chavirés. Ihre Website nnjzz.tumblr.com gibt Auskunft über ihren nächsten Auftritt.

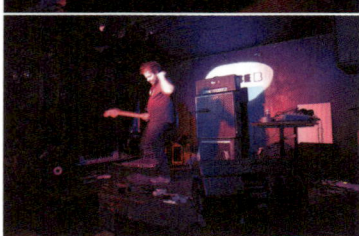

🕐 🏠 *Zeit & Ort unterschiedlich, je nach Event*
URL *www.nnjzz.tumblr.com*

„Nix wie hin! Hier lässt sich Pariser Subkultur schnuppern – Ausgeflippte, Freaks und Bands!"
– Mehdi Hercberg alias Shoboshobo

60 Silencio

Karte D, S. 104

Nach dem Kultdrehort in seinem Film *Mulholland Drive – Straße der Finsternis* (2001) benannt, hat Regisseur David Lynch in der Rue Montmartre eine persönliche Clubatmosphäre geschaffen. Über sechs Treppen geht es in das 200 Quadratmeter große Souterrain hinunter, mit versteckten Räumen, einer Livemusikbühne mit verspiegelter Tanzfläche, einer kleinen Kunstbuchbibliothek und einem geräumigen Kino mit 24 Plätzen, alle mit original von Lynch entworfenen Möbeln bestückt. Hier finden regelmäßig Konzerte, Filmpremieren und Kunstausstellllungen statt. Bis Mitternacht nur für Mitglieder und ihre Gäste.

🕐 18–4 Uhr (Di–Do), –6 Uhr (Fr–Sa)
🏠 142 rue Montmartre, Mail, 75002
☎ +33 (0)1 4013 1233
URL www.silencio-club.com
🔗 Vor Mitternacht Members only

„Gute Musik und ein wunderschön gestaltetes Kellergewölbe ... Auf zum Abtanzen!"

– Alexandre Plicque-Gurlitt

- 8_Hôtel des Invalides
- 10_Villa Savoye
- 18_Palais de Tokyo

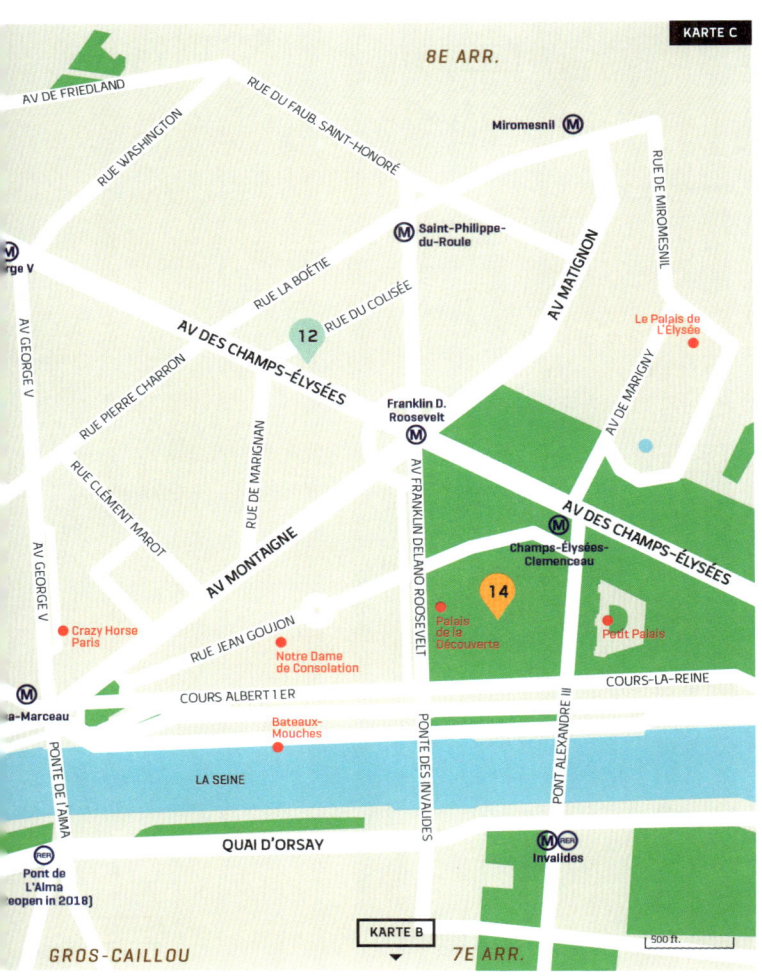

8E ARR.

AV DE FRIEDLAND

RUE WASHINGTON

RUE DU FAUB. SAINT-HONORÉ

Miromesnil Ⓜ

RUE DE MIROMESNIL

Saint-Philippe-
du-Roule Ⓜ

RUE LA BOÉTIE

RUE DU COLISÉE

AV MATIGNON

Le Palais de
L'Élysée

AV DES CHAMPS-ÉLYSÉES

12

AV DE MARIGNY

RUE PIERRE CHARRON

AV GEORGE V

RUE DE MARIGNAN

Franklin D.
Roosevelt Ⓜ

RUE CLÉMENT MAROT

AV MONTAGNE

AV FRANKLIN DELANO ROOSEVELT

AV DES CHAMPS-ÉLYSÉES

Champs-Élysées-
Clemenceau Ⓜ

14

AV GEORGE V

Crazy Horse
Paris

RUE JEAN GOUJON

Notre Dame
de Consolation

Palais
de la
Découverte

Petit Palais

COURS-LA-REINE

Ⓜ-Marceau

COURS ALBERT 1 ER

Bateaux-
Mouches

PONT DES INVALIDES

PONT ALEXANDRE III

LA SEINE

PONT DE L'ALMA

QUAI D'ORSAY

Ⓜ Ⓡ
Invalides

Ⓡ Pont de
L'Alma
(reopen in 2018)

KARTE B
▼

GROS-CAILLOU

7E ARR.

500 ft.

- 🟢 12_Citroën C42 (Showroom)
- 🟠 14_Grand Palais

- 24_12MAIL
- 30_Hôtel Drouot (Auktionshaus)
- 38_Gioia Mia
- 42_Kunitoraya
- 60_Silencio

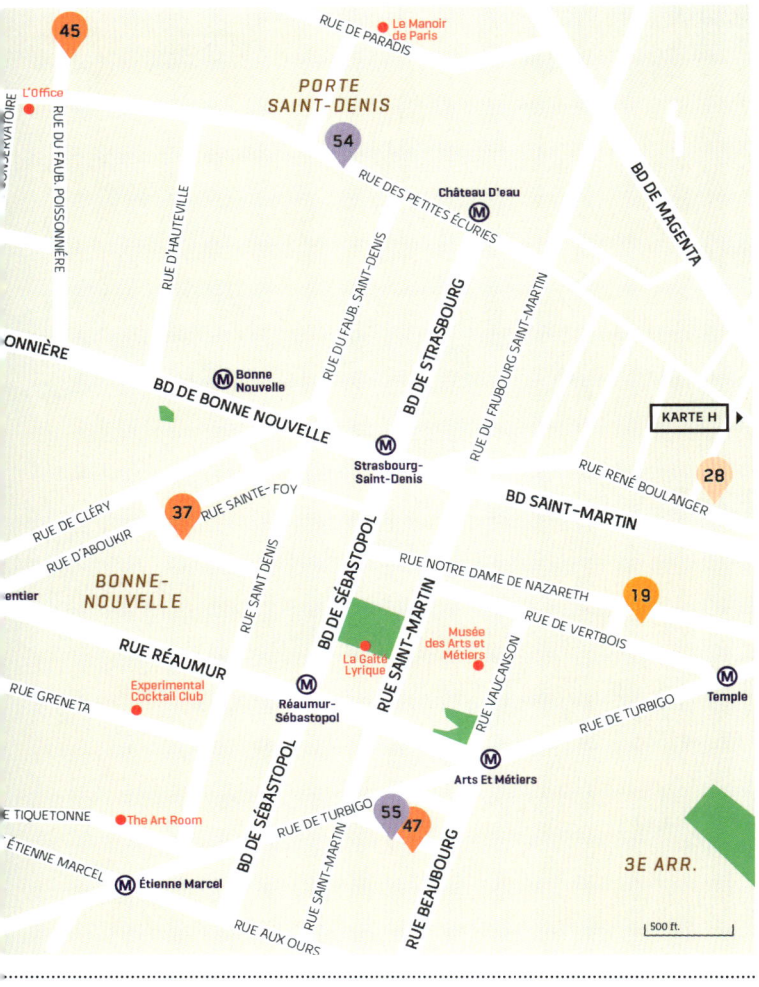

- 19_Backslash Gallery
- 28_THANX GOD I'M A V.I.P.
- 37_Hôtel Edgar
- 45_Café Michalak
- 47_Derrière
- 54_New Morning
- 55_Andy Wahloo

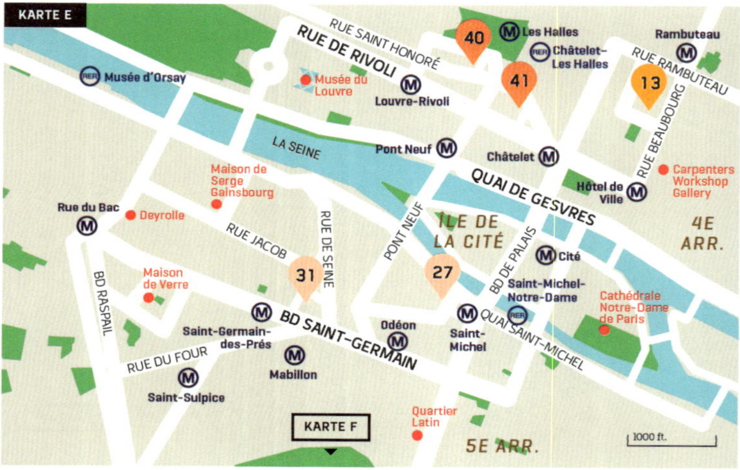

KARTE E

RUE SAINT HONORÉ
RUE DE RIVOLI
40
Les Halles
Châtelet-Les Halles
Rambuteau
RUE RAMBUTEAU
RUE DE RIVOLI
Musée d'Orsay
Musée du Louvre
Louvre-Rivoli
41
13
RUE DE BEAUBOURG
LA SEINE
Pont Neuf
Châtelet
Hôtel de Ville
Carpenters Workshop Gallery
4E ARR.
Maison de Serge Gainsbourg
QUAI DE GESVRES
Rue du Bac
Deyrolle
RUE JACOB
RUE DE SEINE
PONT NEUF
ÎLE DE LA CITÉ
Cité
BD RASPAIL
Maison de Verre
31
27
BD DU PALAIS
Saint-Michel-Notre-Dame
Cathédrale Notre-Dame de Paris
Odéon
BD SAINT-GERMAIN
Saint-Germain-des-Prés
Saint-Michel
QUAI SAINT-MICHEL
RUE DU FOUR
Mabillon
Saint-Sulpice
KARTE F
Quartier Latin
5E ARR.
1000 ft.

KARTE F

La Fourche
RUE LEMERCIER
AV. DE CLICHY
Lamarck-Caulaincourt
GOUTTE D'OR
Espace Dalí
Sacré-Cœur
Château Rouge
BD BARBÈS
46
22
RUE DE CAULAINCOURT
RUE DES TROIS FRÈRES
RUE GABRIELLE
21
RUE DE CLIGNANCOURT
15
RUE DES DAMES
RUE DES ABBESSES
Tombées du Camion
Atelier de Picasso
33
BD DE LA CHAPELLE
Place de Clichy
BD DE CLICHY
Blanche
Abbesses
52
Barbès-Rochechouart
Rome
56
BD DE CLICHY
Pigalle
BD DE ROCHECHOUART
Anvers
BD DE MAGENTA
Liège
RUE DE CLICHY
57
RUE PIERRE FONTAINE
SAINT-GEORGES
RUE DE ROCHECHOUART
RUE D'AMSTERDAM
Saint-Georges
Musée de la Vie Romantique
Musée National Gustave-Moreau
RUE LA FAYETTE
Cadet
Poissonnière
1000 ft.

- 13_Centre Pompidou
- 15_Le Louxor
- 21_Halle Saint Pierre
- 22_Le Bal
- 27_Un Regard Moderne
- 31_Ragtime
- 33_Guerrisol
- 40_Chez Denise
- 41_Le Bistrot des Halles
- 46_ Le Bouchon des Batignolles

KARTE G

10E ARR.

Artazart

58
COLONEL

RUE BICHAT

Jacques
Bonsergent

Du Pain et
des Idées

RUE DE LANCRY

QUAI DE JEMMAPES

RUE ALIBERT

2

RUE DIEU

QUAI DE VALMY

BD DE MAGENTA

RUE LÉON-JOUHAUX

RUE BICHAT

AV CLAUDE VELLEFAUX

AV PARMENTIER

BD DE LA VILLETTE

Belleville

49

RUE SAINT-MAUR

RUE DE FAUB. DU TEMPLE

RUE DU FAUB. DU TEMPLE

Goncourt

Le Dauphin

RUE DE L'ORILLON

KARTE N ▶

AV PARMENTIER

BD SAINT-MARTIN

République

FOLIE-
MÉRICOURT

Temple

26

RUE DU TEMPLE

AV DE LA RÉPUBLIQUE

BD JULES FERRY

RUE BÉRANGER

The
Broken
Arm

3E
ARR.

RUE PERRÉE
CARREAU
DU TEMPLE

36

RUE DE BEAUCE

RUE CHARLOT

RUE DE BRETAGNE

RUE DE TURENNE

RUE DU TEMPLE

Oberkampf

BD VOLTAIRE

BD RICHARD LENOIR

BD RICHARD LENOIR

Aux Deux
Amis

RUE OBERKAMPF

Parmentier

44

Filles du
Calvaire

RUE DES FILLES
DU CALVAIRE

RUE FROISSART

RUE DU PONT AUX CHOUX

Galerie
Yvon
Lambert

Merci

Galerie
Perrotin

KARTE I
▼

BD BEAUMARCHAIS

Saint-Sébastien-
Froissart

RUE SAINT-SÉBASTIEN

Saint-Ambroise

Richard-Lenoir

11E
ARR.

RUE PELÉE

ALLÉE VERTE

500 ft.

● 2_Canal Saint-Martin   ● 44_Chez Nénesse   ● 56_Le Carmen

● 26_Ofr.   ● 49_House of Moda-Party ● 57_Le Bus Palladium

● 36_Marché des Enfants   ● 52_Le Trianon   ● 58_Le Comptoir Général
  Rouges

- 1_ Place des Vosges
- 23_La Maison Rouge
- 29_Comptoir de l'Image
- 35_Marché Bastille
- 39_Café de l'Industrie
- 43_Le Petit Marché

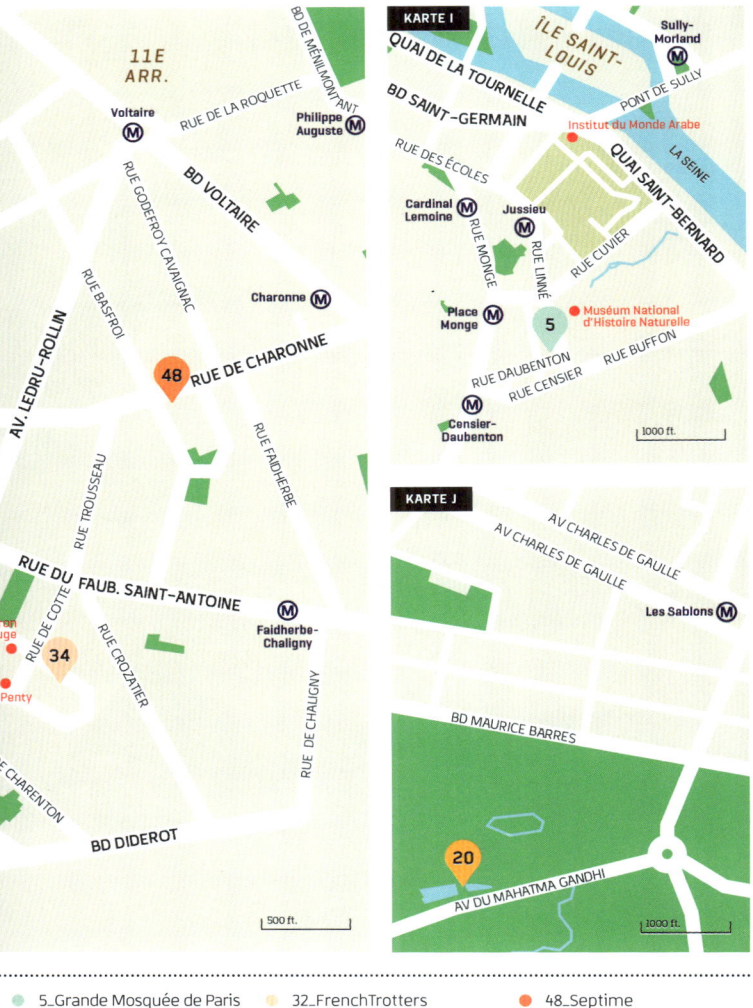

- 🟢 5_Grande Mosquée de Paris
- 🟠 20_Fondation Louis Vuitton
- 🟡 32_FrenchTrotters
- 🟡 34_Le Marché d'Aligre
- 🔴 48_Septime

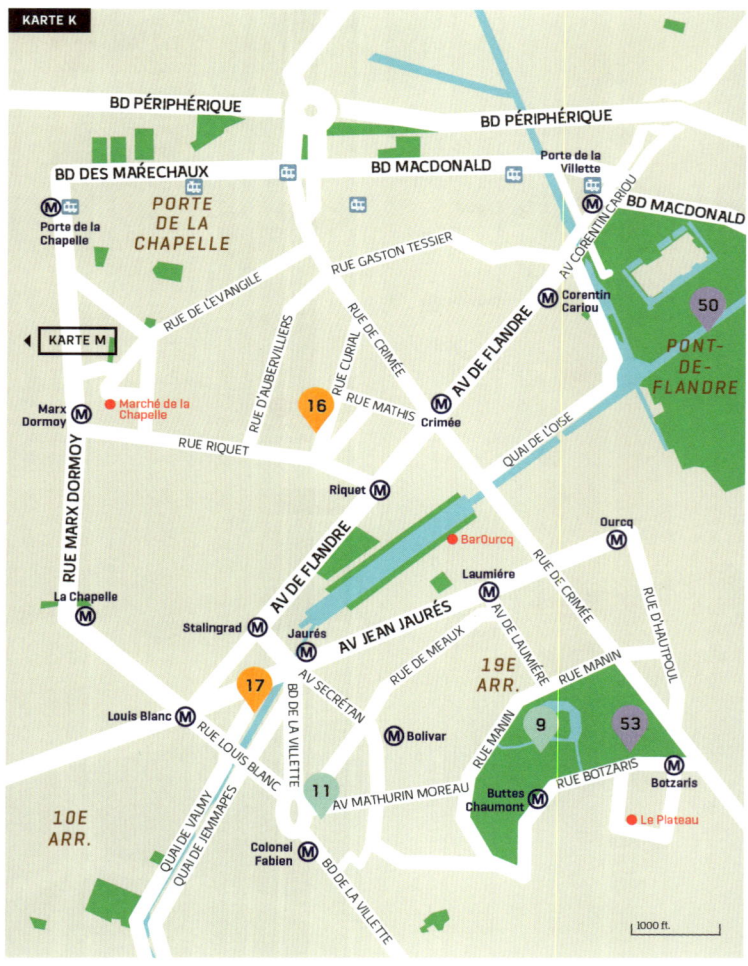

KARTE K

BD PÉRIPHÉRIQUE

BD PÉRIPHÉRIQUE

BD DES MARÉCHAUX

BD MACDONALD

Porte de la Villette

Porte de la Chapelle

PORTE DE LA CHAPELLE

BD MACDONALD

AV CORENTIN CARIOU

Corentin Cariou

◀ KARTE M

RUE GASTON TESSIER

PONT-DE-FLANDRE

50

RUE DE L'ÉVANGILE

RUE D'AUBERVILLIERS

RUE CURIAL

RUE DE CRIMÉE

AV DE FLANDRE

Marx Dormoy

Marché de la Chapelle

16

RUE MATHIS

Crimée

RUE RIQUET

QUAI DE L'OISE

RUE MARX DORMOY

Riquet

BarOurcq

Ourcq

Laumière

RUE DE CRIMÉE

La Chapelle

AV DE FLANDRE

RUE DE FLANDRE

RUE D'HAUTPOUL

Stalingrad

Jaurès

AV JEAN JAURÈS

AV DE LAUMIÈRE

RUE MANIN

19E ARR.

Louis Blanc

17

AV SECRÉTAN

RUE DE MEAUX

9

53

BD DE LA VILLETTE

Bolivar

RUE MANIN

RUE BOTZARIS

Botzaris

RUE LOUIS BLANC

11

AV MATHURIN MOREAU

Buttes Chaumont

Le Plateau

10E ARR.

QUAI DE VALMY

QUAI DE JEMMAPES

Colonel Fabien

BD DE LA VILLETTE

1000 ft.

● 9_Parc des Buttes-Chaumont

● 16_104 Centquatre

● 11_Siège du PCF, Espace Niemeyer

● 17_Point Éphémère

● 50_Parc de la Villette

● 53_Rosa Bonheur

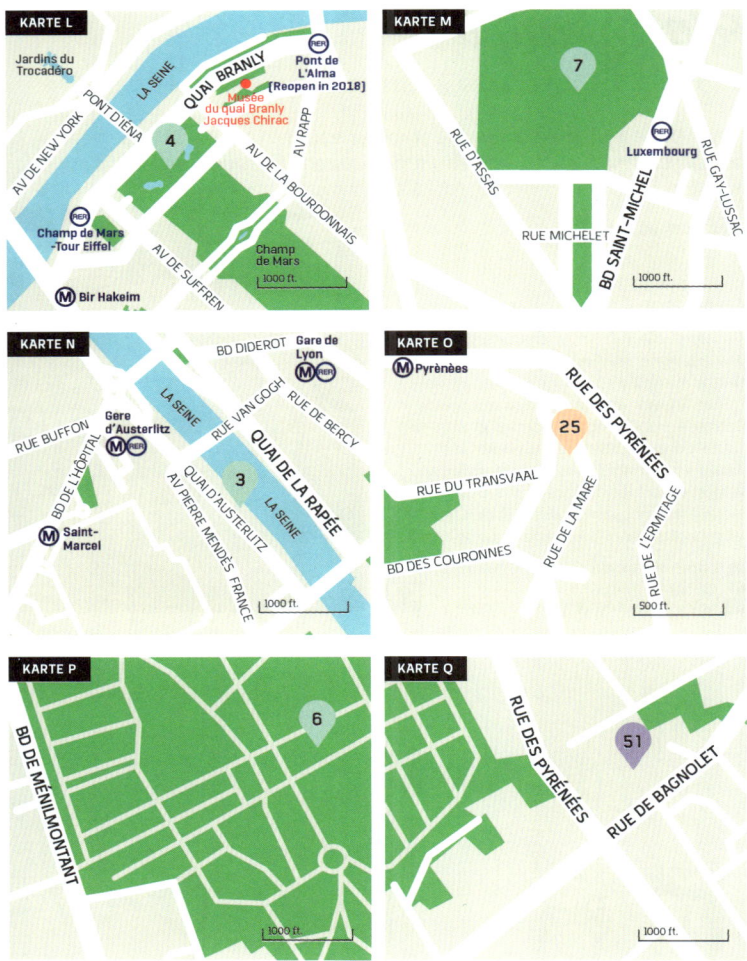

KARTE L

Jardins du Trocadéro
QUAI BRANLY
Pont de L'Alma
[Reopen in 2018]
LA SEINE
Musée du quai Branly Jacques Chirac
PONT D'IÉNA
AV DE NEW YORK
AV RAPP
4
AV DE LA BOURDONNAIS
AV DE SUFFREN
Champ de Mars -Tour Eiffel
Champ de Mars
Bir Hakeim
1000 ft.

KARTE M

7
RUE D'ASSAS
Luxembourg
BD SAINT-MICHEL
RUE GAY-LUSSAC
RUE MICHELET
1000 ft.

KARTE N

BD DIDEROT
Gare de Lyon
RUE BUFFON
Gare d'Austerlitz
LA SEINE
RUE VAN GOGH
RUE DE BERCY
BD DE L'HÔPITAL
QUAI D'AUSTERLITZ
QUAI DE LA RAPÉE
LA SEINE
3
AV PIERRE MENDÈS FRANCE
Saint-Marcel
1000 ft.

KARTE O

Pyrénèes
RUE DES PYRÉNÉES
25
RUE DU TRANSVAAL
RUE DE LA MARE
RUE DE L'ERMITAGE
BD DES COURONNES
500 ft.

KARTE P

BD DE MÉNILMONTANT
6
1000 ft.

KARTE Q

RUE DES PYRÉNÉES
51
RUE DE BAGNOLET
1000 ft.

3_Les Docks – Zentrum für Mode und Design

4_Eiffelturm

6_Cimetière du Père-Lachaise

7_Jardin du Luxembourg

25_L'Atelier Beau Travail

51_MAMA Shelter

Unterkunft

Hippe Hostels, schicke Apartements & noble Hotels

Keine Reise ist perfekt ohne eine erholsame Nachtruhe. Ob im Urlaub oder auf Geschäftsreise, die hier getroffene Auswahl verbindet Topqualität mit Komfort in unterschiedlichen Preiskategorien.

 € 81–200   € 201+

La Maison Champs Élysées

Das Hotel, das in Zusammenarbeit mit dem Modedesigner Martin Margiela entworfen wurde, bietet Entspannung pur. Das im Goldenen Dreieck von Paris gelegene 5-Sterne-Boutique-Hotel spricht mit seiner gelungenen Verbindung aus inszeniertem Dekor und unaufdringlichem Luxus jeden Modefan an und ist ein echtes Designerlebnis. Über das Hotelrestaurant geht es direkt in die Cigar Bar, eine Cocktailbar und auf eine Terrasse.

🏠 *8 rue Jean Goujon, Champs-Élysées, 75008*
📞 *+33 (0)1 4074 6465*
URL *www.lamaisonchampselysees.com*

Hôtel du Temps

Mit ländlichem Vintage-Design und natürlichem Licht schafft Alix Thomsen hier wie auch in ihren Modekollektionen inspirierende Verbindungen zwischen Stoff und Gefühl. Die 23 Zimmer (ab 120 €) bieten heimeligen und urbanen Komfort. Aesop-Produkte und ein leichtes Frühstück runden das Ganze angenehm ab.

🏠 11 rue Montholon, Rouchechouart, 75009
📞 +33 (0)1 4770 3716
URL www.hotel-du-temps.fr

Hôtel Edgar

Fotografen, Regisseure, Bühnenbildner und Künstler fühlen sich in diesem außergewöhnlichen Hotel wohl. Die 12 individuell ausgestatteten Zimmer verbreiten kunterbunte Lebensfreude: von Kinderspielzeugen bis hin zum wilden Afrika-Abenteuer sind die vielfältigsten Themen geboten. Erstklassiges Essen.

🏠 31 rue Alexandrie, Sentier, 75002 📞 +33 (0)1 4041 0519 URL www.edgarparis.com 💰

Hôtel Particulier
Montmartre

🏠 23, av. Junot, Montmartre, 75018
📞 +33 (0)1 5341 8140
URL hotel-particulier-montmartre.com

Hôtel Emile

🏠 2 rue Malher, Le Marais, 75004
📞 +33 (0)1 4272 7617
URL www.hotelemile.com

Notizen

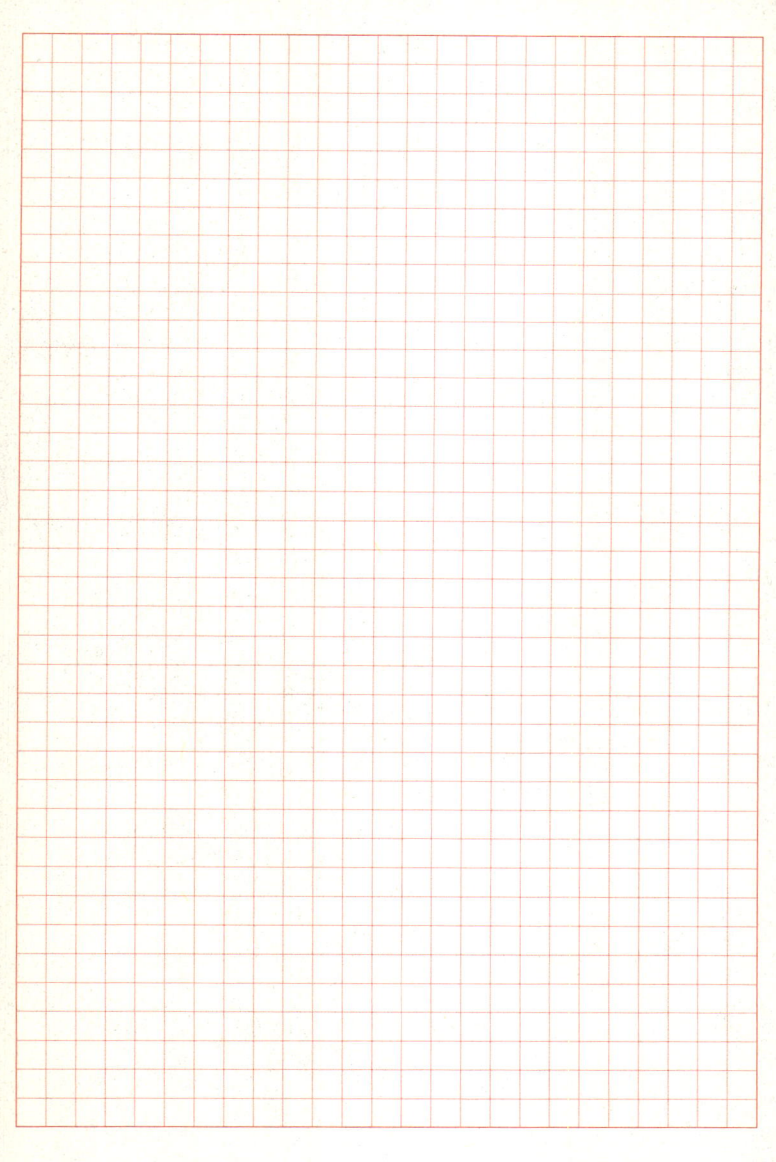

Index

Architektur

BETILLON/DORVAL-BORY,
S. 039
raphaelbetillon.fr,
www.nicolasdorvalbory.fr

Jure Kotnik @Arhitektura Jure Kotnik, S. 080
www.jurekotnik.com

Manuelle Gautrand @ Manuelle Gautrand Architecture, S. 026
www.manuelle-gautrand.com
Portrait by Studio Gaudin Ramet

Film

Baptiste Rouget-Luchaire,
S. 014
vimeo.com/
baptisterougetluchaire

David Charhon, S. 079
zelig-fr.com
leolechatprod.com

Elise Darblay, S. 063

JUL & MAT, S. 043
www.juletmat.fr

Sophie Gateau, S. 023
www.sophiegateau.com

Fotografie

Alex VI, S. 035
www.alexvi.fr

Isabelle Chapuis, S. 094
www.isabellechapuis.com

Jean-Yves Lemoigne, S. 058
www.jeanyveslemoigne.com

Jules Faure, S. 072
julesfaure.com
monsieur-mademoiselle.com

Karine + Oliver, S. 097
www.karine-oliver.com

Ruben Brulat, S. 077
www.rubenbrulat.com

Gastronomie

Julie Rothhahn, S. 024
www.juliehhh.com

Grafikdesign

Almasty, S. 034
www.almasty.com

Antoine+Manuel, S. 064
www.antoineetmanuel.com
Portrait by Ruhlmann

Chloé Desvenain alias Fakepaper, S. 018
www.fakepaper.fr

Christelle Ménage, S. 055
christelle.menage.free.fr

Coco aka Forget Me Not, S. 057
www.forget-me-not.me

Hélène Georget, S. 052
cargocollective.com/
helenegeorget

Marion Laurens @Artworklove studio, S. 070
www.artworklove.com

MWM Graphics, S. 015
www.mwmgraphics.com

Mehdi Hercberg alias Shoboshobo, S. 100
www.shoboshobo.com

one more studio, S. 047
www.onemore-studio.com

Sophie Toporkoff, S. 025
IG: @toporkoff
Portrait by Henry Roy

Stéphane Massa-Bidal, S. 091
retrofuturs.com

Studio L'Étiquette, S. 062
www.studioletiquette.com

STUDIO PLASTAC, S. 016
www.studioplastac.fr

Tove Johansson, S. 061
www.tovejohansson.com

Violaine & Jérémy, S. 093
violaineetjeremy.fr
Porträt von Anto Hinh-Thaï

Wanja Ledowski @Wanja Ledowski-Studio, S. 098
www.wanjaledowski.com

Industriedesign

ARRO Studio, S. 042
www.arro-studio.com

COLONEL, S. 033
moncolonel.fr

Patrick Norguet, S. 022
www.patricknorguet.com

Violaine d'Harcourt, S. 096
www.violainedharcourt.fr

Kunst & Illustration

Alexandra Bruel, S. 054
www.alexandrabruel.com
Portrait by Cédric Jouvin

Alexis Devevey @Rero Art, S. 041
www.reroart.com
Portrait by Anaick Crozon

Amélie Falière, S. 074
mouchkapeou.blogspot.fr
ameliefaliere.ultra-book.com

Carine Brancowitz, S. 059
www.carinebrancowitz.com
Agent: www.pellmell.fr

Combo Culture Kidnapper,
S. 032
www.combo-streetart.com

David Porchy, S. 092
www.davidporchy.com

Elise Morin, S. 071
elise-morin.com

Fabienne Rivory, S. 090
www.labokoff.com

Iris de Moüy, S. 017
www.irisdemouy.com

Jules Julien, S. 046
julesjulien.com

Sandrine Estrade Boulet,
S. 044
www.sandrine-estrade-
boulet.com

Mode

Diane Pernet, S. 060
www.ashadedviewonfashion
film.com
Portrait by Araki

Flaminia Saccucci, S. 095
www.flaminiasaccucci.com

Jérémy Murier, S. 020
jeremymurier.com

Kanako B. Koga, S. 083
www.kanako-b-koga.com
kanako-b-koga.tumblr.com

Renaud Duc, S. 088
cargocollective.com/renaudduc

Sarah Andelman
@colette, S. 075
www.colette.fr

Multimedia

Alexandre Plicque-Gurlitt,
S. 101
www.apg1979.com

Chic & Artistic, S. 065
chic-artistic.com

Pleix, S. 078
www.pleix.net

The Imaginers, S. 081
www.theimaginers.fr

www.man-shows.com
www.woman-shows.com

Musik

Jolie Cherie, S. 073
facebook.com/joliecheriemusic

Leslie Dubest, S. 021
www.un-plan-simple.com

Verlage

**Agathe Cordelle & Olivia
Zeitline,** S. 038
www.reecrire.com
www.the-editorialist.com
www.theautomart.cc

Bildnachweise

Andy Wahloo, S. 095
(Alle) Andy Wahloo

Fondation Louis Vuitton, S.
031, 042
(Alle) Fondation Louis Vuitton
(Architektur) Iwan Baan
(Artwork) Mitte: Gilbert & George;
Unten: Olafur Eliasson

Gioia Mia, S. 068, 071
(S. 68 & S. 71 oben) Carolina
Aldrovandi (unten) Sonia Simula
@beneandada

Grand Palais, S. 030, 033
(Oben) Mirco Magliocca pour la
Réunion des musées nationaux,
Grand Palais (S. 30 & S. 33 unten)
Sammlung Rmn-Grand Palais
von François Tomasi

Hôtel Drouot (Auktionshaus),
S. 059
(Auktionsraum) Hôtel Drouot
(Auktionshaus)

Hôtel Edgar, S. 066, 070, 114
(Alle) Hôtel Edgar

La Maison Champs Élysées,
S. 112
(Alle) Martine Houghton

La Maison Rouge, S. 046
(Fassade) ©Marc Domage
(Interieurs) ©Luc Boegly

Le Bus Palladium, S. 087, 097
(S. 87 & S. 97 oben) Fassade von Le
Bus Palladium, November 2014
von Beaugency / CC BY-SA 4.0
(Mitte) Le Bus Palladium (unten)
Useless Talk live im Bus Palla-
dium in Paris von Axel Rouvin
/ CC BY 2.0

Le Carmen, S. 096
(Interieur) Le Carmen

Le Comptoir Général,
S. 098-099
(Interieurs) Le Comptoir Général

Le Louxor, S. 034
(Interieurs) Le Louxor

Le Trianon, S. 092
(oben) Guillaume Guerin

MAMA Shelter, S. 091
(Alle) MAMA Shelter

New Morning, S. 094
(Event) Philippe Pierangeli

Silencio, S. 101
(Alle) ©Alexandre Guirkinger
@Silencio

THANX GOD I'M A V.I.P., S. 050,
056-057
(Alle) THANX GOD I'M A V.I.P.

Villa Savoye, S. 013, 024
(Alle) Ken Fung

Unterkunft: alle Bilder mit
freundlicher Genehmigung
der jeweiligen Hotels

CITIX60

CITIx60: Paris

Deutsche Ausgabe © 2018 Gingko Press Verlags GmbH

GINGKO PRESS
Schulterblatt 58, D-20357 Hamburg / Germany
Tel. +49(0)40-291425, Fax: +49(0)40-291055
gingkopress@t-online.de
www.gingkopress.com

ISBN 978-3-943330-15-1

Die deutsche Ausgabe von CITIx60 Paris erscheint mit Lizenz von viction:ary.
Englische Originalausgabe © 2014 - 2018 viction workshop ltd

viction:ary
7C Seabright Plaza, 9-23 Shell Street,
North Point, Hong Kong
Url: www.victionary.com
E-Mail: we@victionary.com
🄵 @victionworkshop
🐦 @victionary_
🄾 @victionworkshop

Konzept & Art Direction: Victor Cheung
Recherche & Redaktion: Queenie Ho, Caroline Kong
Projektkoordination: Katherine Wong, Jovan Lip
Design & Stadtplanillustration: Beryl Kwan, Cherie Yip
Redaktion & Aufbereitung: Elle Kwan
Beitragende Verfasserin: Monique Todd
Stadtplanillustration für das Cover: Allan Deas
Illustrationen zu „Zähl bis 10": Guillaume Kashima alias Funny Fun
Fotografie: Matteo Mastronardi, Morphee Zhang

Für die deutsche Ausgabe:
Übersetzung ins Deutsche: Karin Weidlich
Projektkoordination: Anika Heusermann, Nicolas Weiß
Lektorat, Korrektorat: Beate Bücheleres-Rieppel, Zweite Feder - Agnes Veit
Layout, Satz: Weiß-Freiburg GmbH - Graphik & Buchgestaltung

Gedruckt und gebunden in China

Alle deutschsprachigen Rechte vorbehalten.
Kein Teil dieser Publikation darf ohne schriftliche Genehmigung von
GINGKO PRESS in irgendeiner Form oder über irgendwelche Medien
vervielfältigt, in einem Datenabrufsystem gespeichert oder übermittelt
werden, sei es elektronisch, mechanisch, durch Fotokopieren, Aufzeichnung
oder irgendeine andere Art von Datenspeicherung.

Der Inhalt basiert auf Daten und Fakten, die im Dezember 2017 verfügbar
waren. Reisenden wird empfohlen, sich vor Abreise oder Besuch aktuelle
Information zur jeweiligen Location einzuholen.

Danksagung
Ein besonderes Dankeschön geht an alle Kreativen, FotografInnen,
RedakteurInnen, ProduzentInnen, Firmen und Organisationen,
die uns mit ihrem für diesen Cityguide notwendigen Wissen
inspiriert haben. Ebenso an die vielen Beteiligten, deren Namen
nicht genannt werden, die jedoch an der Fertigstellung des Buchs
mitgewirkt haben. Wir bedanken uns für ihren Input und ihre
kontinuierliche Unterstützung.

CITIX60

City Guides

CITIx60 bietet eine handverlesene Reihe von Hotspots, die das Lebens-
gefühl der aufregendsten Design-Zentren der Welt vermitteln. Dieser
City-Guide zeigt, was es zu sehen gibt, und führt an Orte, die nur
passionierte Insider kennen.

Jeder Band ist in enger Zusammenarbeit mit Akteuren der lokalen
Kreativszene der jeweiligen Stadt entstanden – engagierte Leute aus
den Bereichen Architektur, Film, Fotografie, Gastronomie, Grafikdesign,
Kunst & Illustration, Mode, Multimedia, Musik, Verlagswesen und
Werbung, die am Puls der Zeit sind und wissen, was wo angesagt ist.
Ob Tagesausflug oder längere Reise – **CITIx60** ist ein attraktiver Ideen-
geber.

Die Städte:

Barcelona
Berlin
London
New York
Paris